¡Imagínalo! | Aprendizaje visual de destrezas

Comparar y contrastar

Sacar conclusiones

Idea principal y detalles

Secuencia

Elementos literarios

Comparar y contrastar

Sacar conclusiones

= Feliz

Idea principal y detalles

Idea principal

Detalles

Secuencia

Elementos literarios

Personajes

HERMANO

MAMÁ

PAPÁ

HERMANA

Ambiente

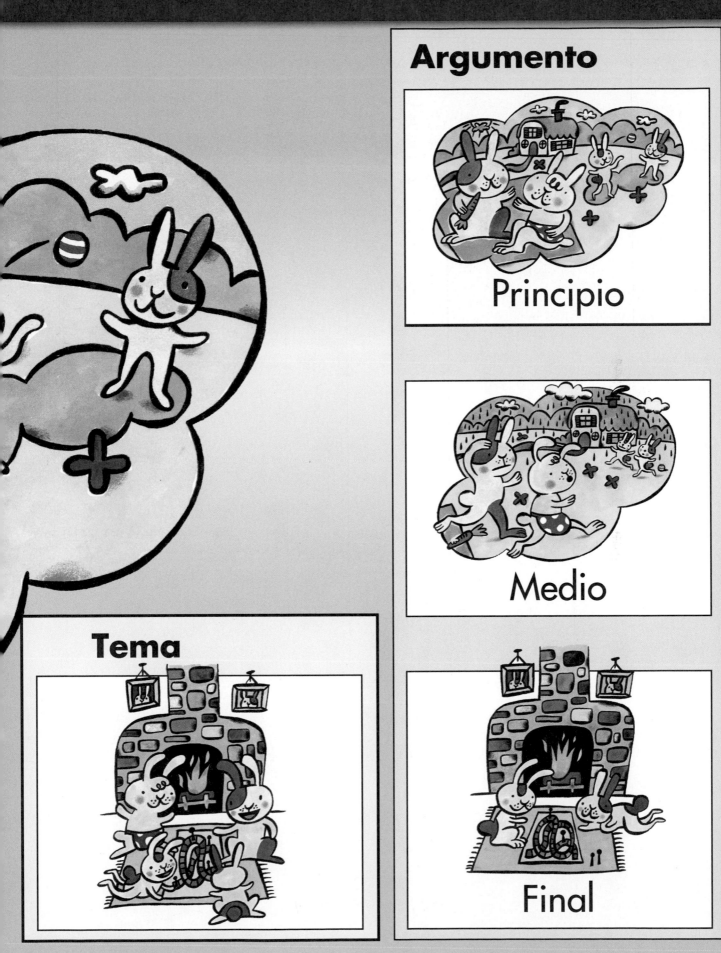

Argumento

Principio

Medio

Tema

Final

¡Imagínalo! | Aprendizaje visual de estrategias

Conocimientos previos

Ideas importantes

Inferir

Verificar y aclarar

Hacer predicciones
y establecer propósitos

Preguntar

Estructura del cuento

Resumir

Estructura del texto

Visualizar

Conocimientos previos

¡Pensemos en la lectura!

- ¿Qué es lo que ya sé?
- ¿Qué me recuerda esto?

Ideas importantes

Inferir

¡Pensemos en la lectura!

- ¿Qué es lo que ya sé?
- ¿Cómo me ayuda esto a entender lo que sucedió?

Verificar y aclarar

Hacer predicciones y establecer propósitos

Trenes

¡Pensemos en la lectura!

- ¿Qué es lo que ya sé?
- ¿Qué creo que va a suceder?
- ¿Cuál es el propósito de mi lectura?

Preguntar

Estructura del cuento

Principio

Medio

Final

¡Pensemos en la lectura!

- ¿Qué sucede al principio?
- ¿Qué sucede en el medio?
- ¿Qué sucede al final?

Resumir

Estructura del texto

¡Pensemos en la lectura!

- ¿Cómo está organizado el cuento?
- ¿Hay partes que se repiten?

Visualizar

¡Pensemos en la lectura!

• ¿Qué imágenes veo en mi mente?

Autores del programa

Peter Afflerbach

Camille Blachowicz

Candy Dawson Boyd

Elena Izquierdo

Connie Juel

Edward Kame'enui

Donald Leu

Jeanne R. Paratore

P. David Pearson

Sam Sebesta

Deborah Simmons

Alfred Tatum

Sharon Vaughn

Susan Watts Taffe

Karen Kring Wixson

Autores del programa en español

Kathy C. Escamilla

Antonio Fierro

Mary Esther Huerta

Elena Izquierdo

Glenview, Illinois • Boston, Massachusetts • Chandler, Arizona
Upper Saddle River, New Jersey

Dedicamos Calle de la Lectura a

Peter Jovanovich.

Su sabiduría, valentía
y pasión por la educación
son una inspiración para todos.

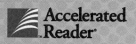
Accelerated Reader®

Acerca del ilustrador de la cubierta
Daniel Moretón vive en Nueva York, donde crea ilustraciones para libros con su computadora. Cuando no está trabajando, le gusta cocinar, ver películas y viajar. Durante un viaje a México, el Sr. Moretón se inspiró en los colores que vio a su alrededor. Ahora emplea esos colores en su arte.

PEARSON

ISBN-13: 978-0328-48436-2
ISBN-10:   0-328-48436-9
5 6 7 8 9 10 V042 15 14 13 12 11
CC2

Querido lector:

La *Calle de la Lectura de Scott Foresman* tiene muchas vueltas y encrucijadas. En cada esquina aprenderás algo nuevo e interesante. Vas a leer sobre las grandes ideas de la ciencia y los estudios sociales. ¡Te vas a divertir leyendo sobre una princesa lista y unos inteligentes ratones detectives!

¡Seguro que tienes muchas ganas de darte prisa para leer estos maravillosos cuentos y artículos! Pero ve despacio, toma tu tiempo y ¡disfruta! ¡Nunca se sabe a quién podrías conocer en la *Calle de la Lectura*!

Cordialmente,
los autores

Buenas ideas

¿Qué diferencia hace una buena idea?

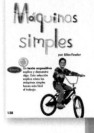

Semana 6

¡Imagínalo! **Manual de comprensión de lectura**

¡Imagínalo! Aprendizaje visual
de destrezas I• 1–I• 8

¡Imagínalo! Aprendizaje visual
de estrategias I• 9–I• 20

Don Leu
El experto en Internet

La naturaleza de la lectura y la escritura está cambiando. La Internet y otras tecnologías crean nuevas posibilidades, nuevas soluciones y nuevas maneras de leer y escribir. Por eso necesitamos nuevas destrezas de comprensión de lectura para trabajar en línea. Estas destrezas son cada vez más importantes para nuestros estudiantes y para nuestra sociedad.

El equipo de Calle de la Lectura te va a ayudar en este nuevo camino tan interesante.

¡Míralo!

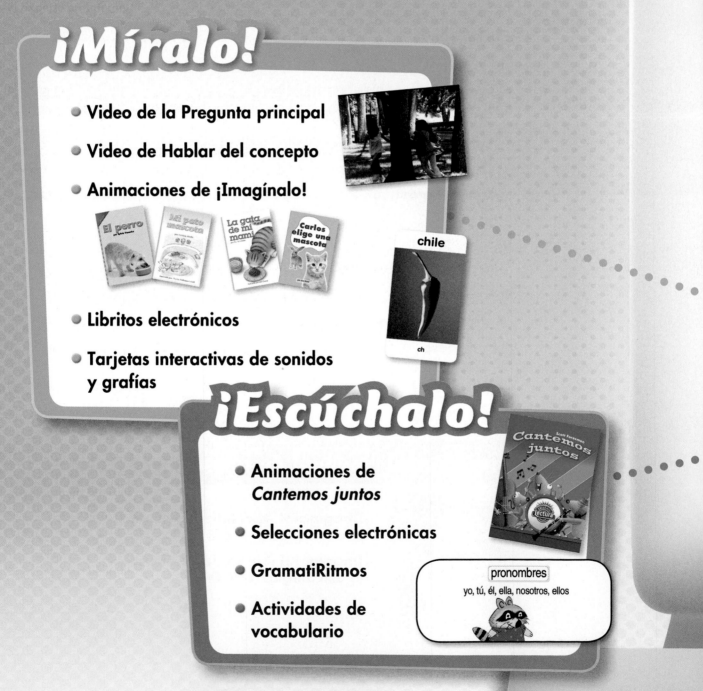

- Video de la Pregunta principal
- Video de Hablar del concepto
- Animaciones de ¡Imagínalo!
- Libritos electrónicos
- Tarjetas interactivas de sonidos y grafías

¡Escúchalo!

- Animaciones de *Cantemos juntos*
- Selecciones electrónicas
- GramatiRitmos
- Actividades de vocabulario

Video de Hablar del concepto

File   Edit   View   Favorites   Tools   Help

http://www.CalledelaLectura.com

¡Hazlo!

- Diario de palabras

- Ordenacuentos

- Fichas electrónicas de letras

o ñ a m s

- Evaluación en línea

- Actividades de vocabulario

Buenas ideas

PREGUNTA PRINCIPAL

¿Qué diferencia hace una buena idea?

Objetivos

• Escuchar atentamente a los hablantes y hacer preguntas para comprender mejor el tema. • Comentar información e ideas sobre un tema. Hablar a un ritmo normal.

Vocabulario oral

Hablemos sobre

Soluciones inteligentes

Leamos juntos

- Comenta la información sobre grandes ideas y soluciones inteligentes.

- Habla de problemas que podemos enfrentar.

- Comenta tus ideas sobre cuándo un problema necesita una solución inteligente.

CALLE DE LA LECTURA EN LÍNEA
VIDEO DE HABLAR DEL CONCEPTO
www.CalledelaLectura.com

12

Escuchemos

Leamos juntos

Sílabas

● Combina /pl/, /a/. ¿Qué sílaba forman? Busca cinco cosas que empiecen con /pl/, como *plátano.*

● Di: "caminando". Busca dos acciones que terminen en *-ando* o en *-iendo.* Di las palabras. Da una palmada por cada sílaba que oigas en cada palabra.

● Busca quién *platica.* Di: "platica". Cuenta un dedo por cada sílaba que oigas. ¿Cuántos dedos contaste?

CALLE DE LA LECTURA EN LÍNEA
TARJETAS DE SONIDOS Y GRAFÍAS
www.CalledelaLectura.com

15

¡Imagínalo! | Sonidos y sílabas

pluma

pl-   plu-

CALLE DE LA LECTURA EN LÍNEA
TARJETAS DE SONIDOS Y GRAFÍAS
www.CalledelaLectura.com

Fonética

🔊 Grupo consonántico *pl*

Sonidos y sílabas que puedo combinar

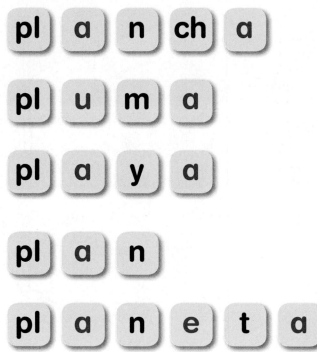

pl a n ch a

pl u m a

pl a y a

pl a n

pl a n e t a

Oraciones que puedo leer

1. Mimi plancha mi ropa.

2. Encontré una pluma en la playa.

3. Tengo un plan para proteger el planeta.

Palabras que puedo leer

ustedes
hermanas
desde
nueva
dónde

Oraciones que puedo leer

1. ¿Ustedes platican con mis hermanas?

2. Camino desde la plaza nueva.

3. ¿Dónde ponemos los platos plásticos?

La palabra *dónde* lleva un acento cuando se usa para formular preguntas.

horneando

horne- -ando

corriendo

corr- -iendo

Fonética

🎯 Sufijos -ando, -iendo

Sonidos y sílabas que puedo combinar

c o r r ie n d o

s a l t a n d o

j u g a n d o

d u r m ie n d o

a n d a n d o

Oraciones que puedo leer

1. Vino corriendo y saltando.

2. Nina no está jugando, está durmiendo.

3. Llegué andando despacito.

¡Ya puedo leer!

¿Saben ustedes qué plan tengo para cuando crezca? ¡Ser científica, como mis hermanas! Desde pequeñas han estado inventando aparatos. Para ser científica, debo estudiar mucho, ser aplicada y ser una niña ejemplar.

¿Dónde creen que hacen sus inventos? ¡Dentro de la misma casa! Ayer estaban terminando su nueva máquina para plantar matas de plátano.

Has aprendido

- Grupo consonántico *pl*
- Sufijos *-ando, -iendo*

Palabras de uso frecuente
ustedes   hermanas   desde
dónde   nueva

19

Alba tiene una amiga muy especial

por Laura Gallego

ilustrado por Claudia Ranucci

Género

La **ficción realista** es un cuento inventado que podría pasar en la vida real. Ahora vas a leer sobre una niña que tenía un problema y cómo lo resolvió.

Leamos juntos

Pregunta de la semana

¿En qué casos se necesita una solución ingeniosa para resolver un problema?

Clara y Alba son hermanas. Les gusta jugar
juntas al escondite y a muchas otras cosas más.
A Alba también le gusta mucho pintar y
enseñar sus dibujos a Clara.

Pero hoy Clara ha traído una amiga a casa.
Se llama Diana, y las dos se han encerrado en el
cuarto de Clara. Alba no puede entrar.

—¿Puedo jugar con ustedes? —pregunta Alba.

—No, no puedes —dice Clara desde dentro.

—¿Por qué no? —pregunta Alba desde el pasillo.

—¡Porque eres pequeña! —dice Clara desde dentro.

Ahora todos los días es igual. Clara y Diana siempre están juntas. Pero no les gusta que Alba juegue con ellas, porque es pequeña.

Alba está sola y se aburre.

A veces mamá juega con ella, pero no es lo mismo.

Una tarde, en su cuarto, imagina que ella también tiene una amiga, y que juega con ella.

Alba juega a hablar con su nueva amiga.

Se llamará Estrella. Será muy simpática, más
que Diana.

Y cuando estén juntas, cerrarán la puerta de
su cuarto para que Clara no pueda entrar.

Es divertido jugar con Estrella. Siempre hace
lo que Alba quiere. Pero ganar siempre a todos
los juegos no tiene mucha gracia, así que Alba
la deja ganar a veces.

Clara ve a su hermana hablando con Estrella.

—Alba, ¿por qué hablas sola?

—No hablo sola, hablo con mi amiga Estrella.

Clara se ríe muy alto.

—No es verdad, estás hablando sola.

—No hablo sola. Lo que pasa es que Estrella
es invisible y sólo yo la puedo ver.

—¡Qué mentira! ¡Estrella no existe!

Alba juega con Estrella todos los días. Por
la noche, se cuentan cuentos. Por la mañana,
Estrella va con ella a la escuela. Por las tardes,
dibujan juntas. Alba hace muchos dibujos.
A algunos les pone una estrella en la esquina.
Son los dibujos que ha pintado su amiga.

Un día, Clara le pregunta a Alba cómo
es Estrella. Porque… ¿y si es verdad que su
hermana tiene una amiga invisible?

—Vino de otro planeta y ahora no puede
volver con sus papás, y por eso está aquí
conmigo —dice Alba.

Clara no le cree. ¡Nadie viene de otro planeta! Pero luego le pregunta a Alba cómo es el planeta de Estrella.

—Allí hay muchas personas invisibles. Y solo algunas niñas pequeñas como yo las pueden ver —dice Alba.

Clara piensa que eso es mentira.

¡No existe gente invisible! Pero luego dice
que a ella también le gustaría ver a Estrella.

Quiere saber de qué color tiene el pelo
y los ojos.

—Estrella tiene el pelo azul y los ojos rosas
—dice Alba.

Clara dice que no existen niños de pelo azul
y ojos rosas.

—¡Pero es que ella viene de otro planeta!
—dice Alba.

Clara piensa que Estrella es un poco rara.

Pero a ella también le gustaría ser su amiga.

Esta tarde ha venido Diana a casa. Y ella
y Clara juegan en la habitación mientras Alba
habla con Estrella en el salón.

Clara piensa que podrían jugar las cuatro
juntas.

Lo pasan muy bien riendo y jugando esa tarde.
Clara y Diana le preguntan muchas cosas a Estrella.
Pero como ellas no pueden verla ni oírla,
le tienen que preguntar a Alba qué es
lo que dice su amiga invisible.

Al día siguiente, las cuatro juegan al escondite. Clara dice que le toca buscar a Estrella.

—¡Estrella no está! —dice Alba.

—¿Dónde está?

—Se ha ido a su planeta otra vez.

Clara piensa que es una pena que Estrella se haya marchado ahora que empezaban a hacerse amigas.

Se le ocurre que pueden esperarla por si vuelve a visitarlas.

Pero como es muy aburrido esperar sentadas, ¡se ponen las tres a jugar otra vez al escondite!

Objetivos
• Describir el problema y la solución de un cuento. Volver a contar el principio, el medio y el final de un cuento, en el orden que sucedieron los eventos. • Leer por su cuenta por un período de tiempo.

¡Imagínalo! Volver a contar

Piensa críticamente

1. ¿Alguna vez te has imaginado tener un amigo o una amiga como Estrella? Haz la conexión con un amigo o amiga que tengas. **El texto y tú**

2. ¿De qué otra manera podría haber terminado la autora este cuento? **Piensa como un autor**

3. ¿En qué se parecen Estrella y Diana? ¿En dónde sucede el cuento? ⟳ **Elementos literarios: Personajes, argumento y ambiente**

4. ¿Hubo algo que no entendiste? ¿Qué hiciste?

⟳ **Verificar y aclarar**

5. Mira de nuevo y escribe Vuelve a mirar la página 30. ¿Qué hacen juntas Alba y Estrella? Escribe sobre eso. Usa detalles del texto que describan la trama. Recuerda describir el problema y la solución.

PRÁCTICA PARA EL EXAMEN Respuesta desarrollada

Laura Gallego

Laura Gallego es de España. Cuando tenía 11 años escribió su propio libro fantástico. El libro no se publicó, pero así Laura supo que quería ser escritora.

Claudia Ranucci

Claudia Ranucci es italiana pero vive en España. Es ilustradora de libros para niños. También trabaja como diseñadora y editora.

Busca más cuentos por Laura Gallegos.

Usa el Registro de lecturas del *Cuaderno de lectores y escritores,* para anotar tus lecturas independientes.

Leamos juntos

¡Escribamos!

Aspectos principales de un cuento fantástico con animales

• Los personajes son animales.

• Los animales hacen cosas que los animales de verdad no pueden hacer.

CALLE DE LA LECTURA EN LÍNEA
GramatiRitmos
www.CalledelaLectura.com

Cuento fantástico con animales

Un **cuento fantástico con animales** es una historia inventada sobre animales que hacen cosas que hacen las personas. El modelo del estudiante es un ejemplo de cuento fantástico con animales.

Instrucciones Piensa en un problema. Ahora escribe un cuento fantástico con animales en el que los animales resuelven el problema.

Lista del escritor

Recuerda que debes...

☑ asegurarte de que tu cuento tiene un comienzo, un medio y un final.

☑ mostrar cómo los animales resuelven un problema.

☑ usar oraciones imperativas.

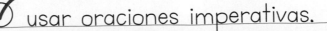

El gran problema

Ratoncito quería queso.

Don Gato estaba en la cocina.

Ratoncito recordó que

Ratón le dijo qué hacer.

—Espera a que don Gato se

duerma. Agarra un pedacito de

queso. ¡Y echa a correr!

Así lo hizo Ratoncito.

Género: Cuento fantástico con animales Los ratones hablan y piensan como las personas.

Característica de la escritura: Voz El escritor se interesa por Ratoncito.

En estas **oraciones imperativas,** Ratón le dice a Ratoncito lo que debe hacer. Di estas oraciones con voz fuerte.

Normas

- # Oraciones imperativas

  Recuerda Una **oración imperativa** le dice a alguien lo que debe hacer.

- Di esta oración:
  Pollito, ven aquí.

-

Estudios Sociales en Lectura

Género
Cuento folclórico

- Un cuento folclórico es una historia conocida que se ha venido contando por muchos años.

- Un cuento folclórico casi siempre tiene como personajes a animales que hablan y actúan como personas. Al igual que los demás personajes, los animales tienen un problema que deben solucionar.

- Las palabras o las acciones de un cuento folclórico a veces se repiten. Los personajes dicen o hacen lo mismo más de una vez.

- Despúes de leer el cuento, conecta su significado con tus experiencias personales.

Tío Conejo come miel y queso

Cuento popular latinoamericano

Desde que los perros llegaron a la finca de Tomás, Tío Conejo no ha podido volver. No más plátanos ni lechugas frescas para Tío Conejo. Tío Conejo tiene hambre.

44

Pensemos...

¿Quiénes son los personajes principales de este cuento? ¿Cómo son ellos? Describe a cada personaje. ¿En qué se diferencia Tío Conejo de un animal real?
Cuento folclórico

Por el camino viene Tomás. Lleva miel y muchos quesos en su morral. Tío Conejo tiene un plan. Se tira en la mitad del camino.

Pensemos...

¿Qué problema
debe solucionar
Tío Conejo? ¿Qué
decide hacer para
solucionarlo?
Cuento folclórico

—¡Un conejo! ¿Qué le habrá pasado?
—dice Tomás—. Mejor lo dejo aquí. No
quiero que se enfermen mis animales.
Y sigue andando.

46

Tío Conejo toma un camino corto y se tira otra vez al suelo.

—¡Caramba! —dice Tomás—. Este conejo está tan flaco como el otro. No sé qué pasa aquí.

Y sigue su camino, sin tocar a Tío Conejo.

Pensemos...

¿Qué acción del Tío Conejo se repite en el cuento?
Cuento folclórico

Tío Conejo se frota moras silvestres en las patas. Toma otro camino corto y se tira al suelo.

Pensemos...

¿Qué hace ahora Tío Conejo? ¿Qué hace Tomás? ¿Logró Tío Conejo lo que quería?
Cuento folclórico

—¡Ya me lo explico! —dice el hombre—. Los perros de la finca están atacando a los conejos. Voy por los otros dos para hacerme un chaleco.

Tomás no quiere cargar con el conejo y el morral. Los pone al pie de un árbol y se va a buscar a los otros dos conejos. Tío Conejo se lleva el morral a su casa y se come toda la miel y todo el queso.

Pensemos...

¿Qué quiere decir este cuento folclórico? ¿Cómo lo puedes relacionar con algo que te ha pasado a ti?
Cuento folclórico

Pensemos...

Relacionar lecturas ¿Cuál es el problema de Alba en *Alba tiene una amiga muy especial*? ¿Cuál es el problema de Tío Conejo en *Tío Conejo come miel y queso*? ¿Cómo solucionan los personajes sus problemas?

Escribir variedad de textos Escribe sobre lo que hacen Alba en *Alba tiene una amiga muy especial* y Tío Conejo en *Tío Conejo come miel y queso*.

Objetivos

• Leer y comprender textos al nivel del grado. • Identificar y poner palabras en grupos según su significado. • Comprender las diferentes maneras de enviar mensajes o causar sentimientos en los medios de comunicación.

Leamos juntos

¡Aprendamos!

CALLE DE LA LECTURA EN LÍNEA
ACTIVIDADES DE VOCABULARIO
www.CalledelaLectura.com

Prepárate para el segundo grado

Pon atención a los sonidos y los movimentos que hacen que un programa parezca más real.

Lectura y medios de comunicación

Técnicas de los medios Algunos medios de comunicación, como la televisión, usan sonidos y movimientos. Esto nos ayuda a entender lo que escuchamos y vemos. Nos sentimos como si estuviéramos allí.

¡Practícalo! Imagínate que estás mirando una escena de una película en la que un cohete espacial está despegando. ¿Qué sonidos escuchas? ¿Qué movimientos ves?

Vocabulario

Un **sinónimo** es una palabra que significa lo mismo, o casi lo mismo, que otra palabra.

La niña *sonríe*.
La niña se *ríe*.

Reír y *sonreír* son sinónimos.

¡Practícalo! Lee estas palabras. Escribe y di un sinónimo de cada palabra.

carro   delgado   caminar   gracioso

Fluidez

Precisión, ritmo y expresión Al leer, trata de no cometer errores. Lee las oraciones como si estuvieras hablando. Usa la voz para mostrar emoción.

¡Practícalo!

1. ¿Ustedes van a la playa nueva?

2. ¿Desde dónde vienen caminando las hermanas?

Vocabulario oral

Hablemos sobre

Soluciones inteligentes

Leamos juntos

● Comenta la información sobre grandes ideas y soluciones inteligentes.

● Comenta tus ideas sobre cómo podemos ver las cosas de manera diferente.

CALLE DE LA LECTURA EN LÍNEA
VIDEO DE HABLAR DEL CONCEPTO
www.CalledelaLectura.com

52

53

Escuchemos

Sonidos

Leamos juntos

- Combina /fl/, /o/, /r/. ¿Qué palabra se forma? Busca tres cosas que tengan /fl/, como *flor*.

- Escucha estas palabras: *asustada, parada*. ¿En qué se parecen estas palabras? Busca otras cosas que terminen en –*ada*.

- Escucha estas palabras: *apagado, tostado*. Busca una cosa que termine en –*ado*.

- Di: "perdida". Busca otra palabra que termine en –*ida*.

- Di: "cosido". Busca otra palabra que termine en –*ido*.

- ¿Qué par de palabras riman: *querido/luego; flan/pan*?

CALLE DE LA LECTURA EN LÍNEA
TARJETAS DE SONIDOS Y GRAFÍAS
www.CalledelaLectura.com

54

Fonética

Grupo consonántico *fl*

Sonidos y sílabas que puedo combinar

fl a n

fl o r

fl o r a

fl e ch a

fl a c a

Oraciones que puedo leer

1. Flora hace un rico flan.

2. La flor flota en el agua.

3. La flecha es larga y flaca.

Palabras que puedo leer

si

nuevos

cada

niña

ni

Oraciones que puedo leer

1. Si la planta no florece, ponle agua.

2. Los zapatos nuevos se aflojan cada vez más.

3. Esa niña no sabe nadar ni flotar.

¡Imagínalo! | Sonidos y sílabas

cansada

cans- -ada

dormido

dorm- -ido

CALLE DE LA LECTURA EN LÍNEA
TARJETAS DE SONIDOS Y GRAFÍAS
www.CalledelaLectura.com

Fonética

Sufijos -ado, -ada; -ido, -ida

Sonidos y sílabas que puedo combinar

c o m i d o

m o l i d a

s a l a d a

a y u d a d o

l a s t i m a d o

Oraciones que puedo leer

1. Nunca he comido flan de coco.

2. La carne molida estaba salada.

3. He ayudado al perrito. Está lastimado.

¡Ya puedo leer!

Mi familia está decidida a proteger el planeta. Estamos limpiando el vecindario. La idea fue de mami. Y cada vecino ha ayudado en algo. Nadie es flojo en mi cuadra.

¡Ni los niños se quedan atrás! Florencia, una niña de Florida, trajo botes con flores para poner la basura. Si encontramos nuevos voluntarios, el planeta quedará muy agradecido.

La idea de mami fue genial. ¡Sigamos adelante!

Has aprendido

- Grupo consonántico *fl*
- Sufijos *-ado, -ada; -ido, -ida*

Palabras de uso frecuente
cada   ni   niña
si   nuevos

En un **cuento fantástico** los personajes hacen cosas que no pasan en la vida real. Ahora vas a leer un cuento sobre una princesa que tenía un problema muy especial.

Leamos juntos

60

Pies para la princesa

por Ivar Da Coll

Pregunta de la semana

¿Hay distintas maneras de ver las cosas?

Yo conocí una princesa
que siempre estaba sentada,

porque se iba de cabeza
cada vez que se paraba.

Sucedió que cierto día
no aguantó la comezón:
todo el cuerpo le escocía
desde el pelo hasta el talón.

Pero al querer levantarse
se dio un porrazo mortal;
empezó a desintegrarse:
la pobre cayó muy mal.

Vinieron a rescatarla
la reina Sol y el rey Peter:
tendrían que remendarla
igual que si fuera un suéter.

Cabeza y cuello le unieron
al tronco y a cada brazo;
las dos piernas le cosieron
sin olvidar ni un pedazo.

Pero de repente abrieron
unos ojos como platos:
y es que al acabar no vieron
ni los pies ni los zapatos.

—¡Estamos buenos! ¿No ves

—gritaba el rey— lo que has hecho?

¿Por qué perdiste los pies?

¡Vaya niña! ¡No hay derecho!

La reina pensaba igual
y dijo al rey al oído:
—Como se ha portado mal,
regáñala bien, querido.

—¡Márchate a tu habitación!
—gritó el rey con voz tirana—.
¡No verás televisión
en todo el fin de semana!

La reina se retiró,
y el rey se fue detrás de ella.
Sola la niña quedó,
pensando en la historia aquella.

Y dijo: —Pues no renuncio
a arreglarlo de una vez.
Voy a poner un anuncio:
«Princesa contrata pies».

Y en seguida, de uno en uno,
llegaron los candidatos:
si descalzo vino alguno,
otros llevaban zapatos.

Desde planetas lejanos,
montados en sus cohetes,
llegaron dos pies marcianos,
izquierdos y con juanetes.

—Si son izquierdos los dos
—comentaba la princesa—,
me caeré, ¡válgame Dios!,
rompiéndome la cabeza.

Un par de pies gigantones,
bien vestidos de etiqueta,
calzaban altos tacones
de una forma muy coqueta.

—En esos zancos montada,
con esos pies de elefante,
dirían: «O está chiflada,
o es una dama gigante».

Al fin dos pies pequeñitos
lo arreglaron al momento:
eran unos piececitos
para princesa de cuento.

La niña se puso a andar,
feliz con sus nuevos pies,
y luego empezó a bailar...

... polcas,

valses

y minués.

Dicen que desde aquel día
la niña vive flotando,
y anda con tanta alegría
que parece estar bailando.

¡Imagínalo! | Volver a contar

CALLE DE LA LECTURA EN LÍNEA
ORDENACUENTOS
www.CalledelaLectura.com

78

Piensa críticamente

1. ¿Crees que fue una buena decisión que la princesa pusiera un anuncio para contratar unos pies?

El texto y el mundo

2. ¿De qué otras maneras podría terminar el autor este cuento? Pensar como un autor

3. Vuelve a mirar la página 72. ¿Por qué la princesa no quiso los pies marcianos?

Sacar conclusiones

4. ¿Para qué sirven los pies? ¿Por qué la princesa necesitaba unos pies?

Conocimientos previos

5. Mira de nuevo y escribe Vuelve a mirar las páginas 70 y 71. ¿Qué tipos de zapatos ves? ¿Qué otros tipos de zapatos conoces? Escribe sobre eso.

PRÁCTICA PARA EL EXAMEN Respuesta desarrollada

Ivar Da Coll

Cuando estaba en la escuela, Ivar Da Coll trabajó con títeres. Esto se nota en la forma en que Ivar crea sus personajes y arma el cuento basándose en ellos. Nadie le enseñó a dibujar. Aprendió solo. Lo que más le gusta es escribir para los niños más pequeños.

ALFAGUARA INFANTIL

Carlos
Ivar Da Coll
Ilustraciones de Ivar Da Coll

Chigüiro, Abo y Ata
Ivar Da Coll

Busca más cuentos por Ivar Da Coll.

Registro de lecturas Usa el Registro de lecturas del *Cuaderno de lectores y escritores*, para anotar tus lecturas independientes.

79

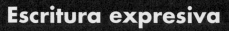

¡Escribamos!

Aspectos principales de una carta a un personaje

- Dice lo que sientes por un personaje de un cuento.
- Tiene un saludo amistoso y una despedida.

CALLE DE LA LECTURA EN LÍNEA
GramatiRitmos
www.CalledelaLectura.com

Escritura expresiva

Carta a un personaje

En una **carta a un personaje** puedes decir lo que sientes por un personaje de un cuento. El modelo del estudiante de la página siguiente es un ejemplo de carta a un personaje.

Instrucciones Piensa sobre cómo se sentía la princesa. Escríbele una carta breve. Dile cómo te sientes acerca de su problema.

Lista del escritor

Recuerda que debes...

☑ escribirle a la princesa sobre lo que hizo en el cuento.

☑ poner tus ideas en un orden que tenga sentido.

☑ usar pronombres en las oraciones.

Querida princesa:

Qué bien que **usted** encontró pies.

Yo digo que una princesa debe tener pies.

Usted tuvo suerte.

Yo sé que cuidará sus nuevos pies.

Su amigo,

Tomás

Género:
Carta La carta tiene un saludo y una despedida.

Característica de la escritura: Voz La carta habla de los sentimientos de la persona que la escribe.

El **pronombre usted** se pone en vez del sustantivo **princesa**.

Normas

● Pronombres sujeto

Recuerda Las palabras **yo, tú, él, ella, nosotros, usted, ustedes, ellos** y **ellas** son pronombres sujeto.

Los pájaros vuelan. **Ellos** vuelan.

La valiente palomita Cucú

Género
Cuento folclórico

Leamos juntos

● Los personajes de los cuentos folclóricos a veces son animales que hablan y actúan como las personas. El personaje principal tiene que resolver un problema.

● Si un cuento folclórico empieza con las palabras "Hace muchísimo tiempo", quiere decir que la gente lo ha contado por mucho tiempo.

● Si un cuento folclórico termina con las palabras "y vivieron felices para siempre", quiere decir que las cosas terminan bien para los personajes.

● Al leer *La valiente palomita Cucú*, busca elementos de un cuento folclórico.

Hace muchísimo tiempo, antes de que hubiera ciudades y carreteras, Cucú voló por un bosque en México.

82

Cucú tenía plumas de colores brillantes: rojas, verdes, amarillas y azules. También tenía la voz más bella de todo el bosque.

Pensemos...

¿Cómo empieza el cuento? ¿Qué te dicen esas palabras?
Cuento folclórico

83

Pensemos...

¿En qué se diferencia Mirlo de los mirlos de verdad?
Cuento folclórico

—¡Cállate, Cucú! —chirrió Mirlo—. ¡Ven a ayudarnos a recoger semillas! Pero Cucú siguió cantando. Los otros pájaros siguieron trabajando.

Cuando los demás animales se fueron a dormir, Cucú vio que se acercaba un incendio. ¡Se iban a quemar todas las semillas!

¿Qué iba a hacer? Entonces vio a Topo en su agujero en la tierra. Cucú tuvo una idea.

Pensemos...

¿Qué problema tiene Cucú? ¿Cómo crees que lo resolverá?
Cuento folclórico

Cucú llevó todas las semillas al agujero de Topo, para que no se quemaran. ¡Salvó las semillas! Pero el hollín hizo que las coloridas plumas de Cucú se volvieran negras. El humo hizo que su voz encantadora se volviera ronca.

Los animales del bosque decidieron que Cucú era el ave más valiente del bosque. Por su valentía, ahora todas las palomas cucú tienen plumas opacas y un canto ronco.

Pensemos...

Este cuento no termina con las palabras "y vivieron felices para siempre". ¿Cómo cambiaría el cuento si se le pusieran esas palabras? Localiza detalles en otros textos sobre los cuentos que terminan frases conocidas como "y vivieron muy felices". **Cuento folclórico**

Pensemos...

Relacionar lecturas ¿En qué son diferentes la princesa de *Pies para la princesa* y Cucú en *La valiente palomita Cucú*?

Escribir variedad de textos Escribe sobre los problemas que tienen la princesa y Cucú, y cómo los solucionan.

Objetivos

• Poner en orden alfabético una serie de palabras según la primera o segunda letra. Usar un diccionario para buscar palabras. • Comentar información e ideas sobre un tema. Hablar a un ritmo normal. • Seguir normas de conversación como escuchar a los demás, hablar cuando el maestro lo indique y hacer comentarios sobre el tema.

Leamos juntos

¡Aprendamos!

Tomé notas para recordar lo que quería decir. Creo que este libro tiene personajes interesantes. En la página 5...

Escuchar y hablar

Prepárate para el segundo grado

Prepárate para las conversaciones en las que comentamos información e ideas.

Comentar información e ideas Cuando comentamos información e ideas, es importante estar peparados. Es bueno tomar notas durante una conversación.

¡Practícalo! Piensa en maneras de estar preparado para una conversación. Coméntalas con un compañero. Usa los pronombres. Sigue estos pasos en tu próxima conversación.

88

Vocabulario

Las palabras de un **diccionario** o de un **glosario** están en orden alfabético. Si las palabras empiezan con la misma letra, mira la segunda letra.

final   flaco   foca

La *segunda letra* debe estar en orden alfabético.

¡Practícalo! Lee estas palabras. Escríbelas en orden alfabético.

plan   pensar   pongo   pagado

Fluidez

Precisión, ritmo adecuado, expresión y fraseo apropiado Al leer, trata de no cometer errores. Usa la voz con expresión. Usa los signos de puntuación.

¡Practícalo!

1. Si Flor está cansada, puede sentarse.

2. No ha comido ni tomado nada.

3. Tengo pantuflas limpias para cada día.

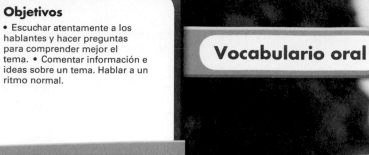

sobre

Soluciones inteligentes

Leamos juntos

- Comenta tus ideas sobre los tipos de cosas que nos gustaría conocer.

- Participa en una conversación sobre cómo resolvemos misterios.

CALLE DE LA LECTURA EN LÍNEA
VIDEO DE HABLAR DEL CONCEPTO
www.CalledelaLectura.com

90

¡Has aprendido **248** palabras asombrosas este año!

Objetivos
• Conocer cómo cambia el sonido de una palabra al cambiar la forma de escribirla. • Conocer cómo cambia el sonido de una palabra al cambiar la forma de escribirla.

Escuchemos

Leamos juntos

Sílabas

● Combina /kl/, /a/. ¿Qué sílaba forman? Busca dos cosas que empiecen con la misma sílaba. Busca otras dos cosas que empiecen con /kl/.

● Busca la bicicleta. Di la palabra. Da una palmada en la sílaba que se escucha más fuerte. ¿Cuál es la sílaba?

● La mamá lleva a su niña a la clínica. Di: "clínica". Cambia la sílaba /kli/ por la sílaba /ka/. Di la nueva palabra.

CALLE DE LA LECTURA EN LÍNEA
TARJETAS DE SONIDOS Y GRAFÍAS
www.CalledelaLectura.com

92

Objetivos

• Decodificar palabras que incluyan grupos consonánticos. • Decodificar palabras por separado, incluyendo grupos consonánticos. • Decodificar sílabas. • Decodificar palabras que incluyan sílabas abiertas. • Decodificar palabras que incluyan sílabas cerradas. • Decodificar palabras por separado, incluyendo sílabas abiertas y sílabas cerradas.

¡Imagínalo! Sonidos y sílabas

clavos

cl-   cla-

CALLE DE LA LECTURA EN LÍNEA
TARJETAS DE SONIDOS Y GRAFÍAS
www.CalledelaLectura.com

Fonética

Grupo consonántico *cl*

Sonidos y sílabas que puedo combinar

Oraciones que puedo leer

1. Clemente pone clavos en la pared.

2. La flor de la clase es el clavel.

3. Hay clientes en la clínica.

Palabras que puedo leer

debe

hacer

mismo

fin

pronto

Oraciones que puedo leer

1. Clara debe hacer la tarea hoy mismo.

2. ¡Por fin monté mi bicicleta!

3. La clase empieza pronto.

Objetivos

• Decodificar sílabas. • Identificar la sílaba acentuada (tónica o prosódica). • Decodificar palabras que tengan acento ortográfico.
• Comprender el vocabulario nuevo y utilizarlo correctamente al leer y al escribir. • Decodificar palabras que incluyan sílabas abiertas.
• Decodificar palabras que incluyan sílabas cerradas.

¡Imagínalo! Sonidos y sílabas

agudas

ratón

graves

lápiz

esdrújulas

termómetro

CALLE DE LA LECTURA EN LÍNEA
TARJETAS DE SONIDOS Y GRAFÍAS
www.CalledelaLectura.com

Fonética

Sílaba tónica y acento ortográfico

Sonidos y sílabas que puedo combinar

Oraciones que puedo leer

¿Cuáles sílabas tienen acento ortográfico?

1. Mamá toca el clarinete.

2. ¡Papá, en la clínica hace calor!

3. El sábado vi un ratón.

¡Ya puedo leer!

Pronto acaban las clases. ¡A celebrar con una fiesta de fin de año! Algunos quieren hacer lo mismo de siempre. Otros quieren hacer algo distinto. ¿Cómo aclarar esto?

Clarita dice que ella toca el clarinete. Clemente, dice que toca el teclado. Claro, digo yo, pero debe ser algo alegre.

¡Qué difícil es salir con una nueva idea!

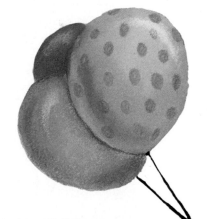

Has aprendido

🔵 Grupo consonántico *cl*
🔵 Sílaba tónica y acento ortográfico

Palabras de uso frecuente

pronto   fin   hacer
mismo   debe

Clara y Félix

ante el caso de la bellota

por Ellen Stoll Walsh

Género

Leamos juntos

La **ficción informativa** cuenta algo inventado, pero también da información y datos. Ahora vas a leer un cuento sobre el misterio de un árbol y de cómo nació allí. Al leer, identifica las sílabas acentuadas (sílabas tónicas o prosódicas).

Pregunta de la semana

¿Cómo se resuelven los misterios?

Los detectives estaban desocupados.

—Tenemos que buscar un caso para resolver —dijo Félix.

—Aquí hay un caso interesante —dijo Clara—. ¿Qué hace este roble nuevo aquí?

—¿Por qué te parece un caso interesante?
—quiso saber Félix.

—Por la bellota —dijo Clara—.
¿Cómo llegó aquí?

—Clara —dijo Félix—, ¿de qué bellota hablas?

—Las bellotas son las semillas del roble. Este pequeño roble salió de una bellota y las bellotas salen de los robles grandes.

—¡Ah!, *esa* bellota —dijo Félix—. ¿Pero dónde está el roble grande?

—Eso es parte de este caso —dijo Clara—.
Busquemos pistas.

—¡Claro! ¡Para eso somos detectives!
—exclamó Félix y metió la cabeza en un agujero.

—¡No, no! Éste es *mi* agujero —dijo un
topo—. Váyanse. Aquí debajo no hay pistas.
Busquen en el roble grande al *otro* lado de
la pradera.

—¡Claro que sí! —dijo Clara—. Vamos, Félix.

—Ese roble está lejos —dijo Félix—.
¿Cómo llegó la bellota desde allá hasta acá?
¿Caminando?

—Lo sabremos muy pronto —dijo Clara—.
La bellota partió del roble grande. Nosotros
haremos lo mismo.

Los detectives comenzaron a caminar por
la pradera.

Después de un rato, Félix dijo:

—Estoy cansado. ¿Podemos investigar todas estas semillas de arce en vez de las semillas de roble?

—El caso de las semillas de arce no es interesante —dijo Clara—. Tienen alas que giran y el viento las hace volar por la pradera.

—Tal vez nuestra bellota también voló con el viento —dijo Félix.

—Ya veremos —dijo Clara.

Por fin llegaron al roble grande.

—¡Mira! —dijo Clara—. ¡Qué cantidad de bellotas! Debe de haber un millón.

—No tienen alas —dijo Félix—. Pero son muy buenas.

—No te las comas, Félix. Son pistas.

—Las bellotas no tienen alas, pero tal
vez tengan patas escondidas —dijo Clara—.
Esperemos y miremos si comienzan a moverse.

¡*Zas!* Una bellota cayó del roble grande.

Félix se inclinó y la tocó con un palo.

—Esta bellota no irá a ninguna parte

—dijo—. Las demás tampoco.

Una ardilla vino y se sentó sobre las bellotas.

—Félix, mira —dijo Clara—. ¿Qué hace?

—¡Oh! —dijo Félix—. Se va a comer
nuestra pista.

—No puede ser —dijo Clara—. No le quitó
la cáscara.

—¿Entonces por qué se metió la bellota
en la boca? —preguntó Félix.
    La ardilla escapó.
    —¡Oh, no! ¡Se robó la bellota!
—gritaron los detectives y corrieron detrás.

La ardilla paró. Ellos también pararon para ver qué iba a hacer.

—¿Qué hace ahora? —preguntó Félix.

—Está haciendo un agujero. ¡Mira! Va a poner la bellota en el agujero.

Félix miró a Clara.

—Tal vez la está sembrando.

—¡Esa es la clave! —dijo Clara—. Nuestra bellota atravesó la pradera en la boca de una ardilla.

—Y las patas de una ardilla la sembraron —dijo Félix.

—Y de ella salió un pequeño roble —dijo Clara—. Ya resolvimos el caso. ¡Somos los mejores ratones detectives!

—Resolvimos el caso con todo éxito. —dijo
Félix—. ¿Ahora qué haremos?

—Resolver otro caso —dijo Clara.

—Pero tengo hambre —dijo Félix—.
Ven, vamos a comernos algunas de las pistas
que sobraron.

¡Imagínalo! | Volver a contar

CALLE DE LA LECTURA EN LÍNEA
ORDENACUENTOS
www.CalledelaLectura.com

120

Piensa críticamente

1. ¿Qué tiene que hacer un detective para resolver un caso? **El texto y el mundo**

2. ¿Por qué crees que la autora quiso escribir sobre este caso? **Propósito del autor**

3. ¿En qué son diferentes las bellotas de las semillas de roble? **Comparar y contrastar**

4. Vuelve a leer una parte difícil del texto para clarificarla. Actúa los sucesos importantes en orden lógico. **Verificar y aclarar**

5. Mira de nuevo y escribe Vuelve a mirar la página 102. Investiga sobre las bellotas. Ayúdate localizando detalles en la historia. Con ayuda de tu maestro, dramatiza los resultados de tu investigación. Escribe sobre eso.

PRÁCTICA PARA EL EXAMEN | Respuesta desarrollada

Ellen Stoll Walsh

Ellen Stoll Walsh se crió en una familia grande. ¡Eran diez hermanos! Era divertido, pero muy ruidoso. A ella le gustaba leer libros para escapar del ruido.

Ahora, Ellen escribe libros. Recorta trocitos de papel para hacer las ilustraciones. En sus libros enseña cosas acerca del mundo entero.

Busca más cuentos sobre buenas ideas.

POLLA Pochola
En la huerta
María Elena Quintero

Mientras se enfría el pastel
Claudia Rueda

Usa el Registro de lecturas del *Cuaderno de lectores y escritores*, para anotar tus lecturas independientes.

121

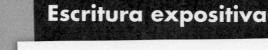

Leamos juntos

¡Escribamos!

Aspectos principales de las preguntas

- Muchas empiezan con *quién, qué, dónde, por qué* o *cómo*.
- Al principio y al final llevan signos de interrogación.

CALLE DE LA LECTURA EN LÍNEA
GramatiRitmos
www.CalledelaLectura.com

Preguntas

Una **pregunta** es una oración que necesita una respuesta. El modelo del estudiante de la página siguiente es un ejemplo de preguntas y una respuesta.

Instrucciones Piensa en preguntas sobre cosas que quieres saber. Escribe tres preguntas. Escribe la respuesta de una de ellas.

Lista del escritor

Recuerda que debes...

☑ preguntar algo que quieras saber.

☑ usar palabras sencillas.

☑ usar pronombres.

☑ empezar y terminar las preguntas con un signo de interrogación.

¿Dónde guardan la comida los ratones?

¿Cuánto crece un árbol?

¿**Me** ven a **mí** los animales?

Yo creo que sí **me** ven, y por eso corren.

Género: Preguntas
Las preguntas dicen lo que el escritor quiere saber.

Característica de la escritura: Lenguaje
Las palabras sencillas hacen que las preguntas sean fáciles.

Los **pronombres yo, me** y **mí** se ponen en lugar del nombre del escritor.

Normas

Pronombres objeto

Recuerda Los pronombres objeto toman el lugar del sustantivo que recibe la acción.

Yo camino a casa.   Paco **me** acompaña.

Objetivos

• Decir la idea principal en sus propias palabras de lo que escuchó o leyó. • Averiguar los hechos o detalles importantes en un artículo que escuchó o leyó. • Establecer un propósito para la lectura.

Ciencias en Lectura

Género
Texto expositivo

Leamos juntos

- Un texto expositivo trata acerca de personas, animales, lugares y sucesos reales.

- Un texto expositivo tiene una idea principal. Los hechos o los detalles nos dan más información sobre la idea principal.

- En un texto expositivo, las fotografías casi siempre nos ayudan a entender las palabras.

- Lee *Agua* y di por qué esta selección es un texto expositivo.

Agua

Hicimos un experimento en clase. Observamos los cambios del agua. Esto es lo que hicimos.

1. Pusimos agua en una taza.
2. Marcamos con una raya la altura del agua.
3. Esperamos una semana.
4. Tomamos notas.

124

Pensemos...

Relacionar lecturas

Agua y *Clara y Félix ante el caso de la bellota* son selecciones sobre investigadores. Localiza un hecho de cada historia.

Texto expositivo

Observamos la taza. Trazamos otra raya para marcar la altura del agua. Hay menos agua. ¿Dónde está? No sabemos.

125

Pensemos...

¿Cuál es la idea
principal de esta
selección?
Texto expositivo

El maestro dijo
que el agua está en el
aire. Está ahí, pero no
podemos verla. Lo que
le pasó al agua se
llama evaporación.

Decidimos hacer otro experimento. Esta vez pusimos el agua en medio de las plantas, en lugar de ponerla al sol. ¿Qué pasará? Dentro de una semana sabremos si el agua se evaporó.

Pensemos...

Relacionar lecturas Los ratones en *Clara y Félix ante el caso de la bellota* y los niños en *Agua* juntos resuelven misterios. ¿Qué preguntas quieren responder Clara y Félix? ¿Qué preguntas quieren responder los niños?

Escribir variedad de textos Escribe qué es lo que Clara y Félix descubren. Escribe qué es lo que los niños descubren. ¿Qué quieren hacer a continuación Clara y Félix y los niños?

Objetivos

• Identificar y poner palabras en grupos. • Comprender y usar palabras nuevas que nombren acciones, llamadas verbos. Comprender y usar palabras nuevas que nombren personas, lugares o cosas, llamadas sustantivos. • Comprender las diferentes maneras de enviar mensajes o causar sentimientos en los medios de comunicación.

Leamos juntos

¡Aprendamos!

Prepárate para el segundo grado

Identifica las técnicas de sonido para entender mejor algunos medios de comunicación.

Lectura y medios de comunicación

Técnicas de los medios Algunos medios de comunicación, como la radio y la televisión, usan sonidos para describir acciones, sucesos o escenas que no vemos. Los sonidos nos ayudan a entender mejor los medios de comunicación.

¡Practícalo! Imagínate que estás haciendo un programa de radio. ¿Qué sonidos vas a usar para describir lo que ves abajo? Comenta tus ideas con un compañero.

un león　　**una tormenta**　　**una ciudad**

Vocabulario

Al **clasificar palabras,** las agrupamos en categorías conceptuales, o grupos que tienen algo en común. Un **sustantivo** es una persona, animal, lugar o cosa. Un **verbo** dice lo que alguien o algo hace.

El niño corre rápido.

Niño es un sustantivo.

Corre es un verbo.

¡Practícalo! Lee estas palabras. Agrúpalas en dos categorías: **verbos** y **sustantivos.**

nadar   niña   árbol   cavar

Fluidez

Expresión y entonación Al leer, usa la voz para que las oraciones sean más interesantes.

¡Practícalo!

1. Pronto vamos a sacar los clavos.

2. Debe montar en bicicleta el mismo día.

3. ¡Por fin Clemente vino a la escuela!

Objetivos
- Escuchar atentamente a los hablantes y hacer preguntas para comprender mejor el tema. • Comentar información e ideas sobre un tema. Hablar a un ritmo normal.

Vocabulario oral

Hablemos sobre

Ideas que cambian nuestro mundo

Leamos juntos

- Habla de ideas que han cambiado nuestro mundo.

- Comenta sobre cómo una gran idea puede facilitarnos la vida.

CALLE DE LA LECTURA EN LÍNEA
VIDEO DE HABLAR DEL CONCEPTO
www.CalledelaLectura.com

130

Escuchemos

Sílabas

Leamos juntos

- Di: "aeroplano". Da una palmada por cada sílaba. ¿Cuántas palmadas diste? Busca dos cosas que tengan /ae/, como *aeroplano*. Busca dos cosas que tengan /eo/, como *paseo*.

- Escucha estas palabras: *lengua, cuenta*. Busca dos cosas que tengan /ua/, como *lengua* y dos cosas que tengan /ue/, como *cuenta*. Divide cada palabra en sílabas.

- Busca la cuerda. Di: "cuerda". Añade la sílaba /re/ al comienzo de la palabra. Di la palabra.

CALLE DE LA LECTURA EN LÍNEA
TARJETAS DE SONIDOS Y GRAFÍAS
www.CalledelaLectura.com

OFICINA

Objetivos

• Decodificar palabras que incluyan sílabas abiertas. • Decodificar palabras por separado, incluyendo sílabas abiertas. • Decodificar sílabas. • Decodificar palabras que incluyan sílabas cerradas. • Decodificar palabras que tengan acento ortográfico. • Comprender el vocabulario nuevo y utilizarlo correctamente al leer y al escribir.

¡Imagínalo! | Sonidos y sílabas

aeropuerto
-ae-

baobab
-ao-

cereal
-ea-

leer
-ee-

fideos
-eo-

canoa
-oa-

roer
-oe-

zoológico
-oo-

Fonética

Hiatos *ae, ao, ea, ee, eo, oa, oe, oo*

Sonidos y sílabas que puedo combinar

c e r e a l

l e e

p o e m a

l e o n e s

z o o l ó g i c o

Oraciones que puedo leer

1. Noel desayuna cereal con leche.

2. La maestra nos lee el poema.

3. Vi dos leones en el zoológico.

Palabras que puedo leer

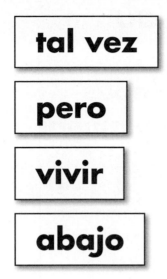

tal vez

pero

vivir

abajo

Oraciones que puedo leer

1. Tal vez compro una canoa, pero no creo.

2. Todos cooperan para vivir mejor.

3. La toalla está abajo.

¡Imagínalo! | Sonidos y sílabas

guante

-ua-

puente

-ue-

Europa

-eu-

ruinas

-ui-

autobús

-au-

CALLE DE LA LECTURA EN LÍNEA
TARJETAS DE SONIDOS Y GRAFÍAS
www.CalledelaLectura.com

Fonética

🔊 Diptongos *ua, ue, ui, eu, au*

Sonidos y sílabas que puedo combinar

r eu n i r

j au l a

c ui d a

n ue v o

e s t a t ua

Oraciones que puedo leer

1. Se van a reunir en el aula.

2. Luisa cuida la nueva jaula del loro.

3. ¡La estatua fue hecha en Europa!

¡Ya puedo leer!

Hace unos días llegaron los nuevos vecinos de abajo a vivir a esta área.

Durante la mudanza usaron gruesas poleas para mover los muebles. Todo lo hicieron con cuidado, pero se les rompió un acordeón. Yo lo vi balancearse y caer desde el camión.

Tal vez lo manda a arreglar mi abuela Rosaura o mi abuelo Manuel.

Has aprendido

- Hiatos *ae, ao, ea, ee, eo, oa, oe, oo*
- Diptongos *ua, ue, ui, eu, au*

Palabras de uso frecuente

abajo   vivir   pero   tal vez

Máquinas simples

por Allan Fowler

Leamos juntos

Género Un **texto expositivo** explica y demuestra algo. Esta selección explica cómo las máquinas simples hacen más fácil el trabajo.

Pregunta de la semana

¿En qué casos una gran idea nos facilita la vida?

Vamos a leer sobre las máquinas.
Las máquinas nos ayudan a vivir mejor.

Veamos algunas máquinas que tienen
muchas partes:

aspiradora

cortacésped

Otras máquinas tienen pocas partes.
Son máquinas simples. Las palancas, los
planos inclinados, las ruedas y ejes, y las
poleas son cuatro tipos de máquinas simples.

Estas cosas comunes son
máquinas simples.

Este abridor es un tipo de palanca.
Ayuda a quitar la tapa de una botella.

Algunas palancas ayudan a mover objetos, como por ejemplo una roca.

Este niño está usando una palanca.

Cuando bajas la parte de arriba de una palanca, la parte de abajo sube y empuja lo que quieres mover.

Tal vez te gusta montar en un subibaja.

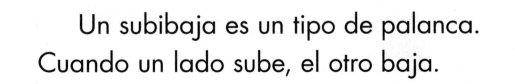

Un subibaja es un tipo de palanca.
Cuando un lado sube, el otro baja.

Hay planos inclinados por todas partes.

plano inclinado

plano

Un plano es una superficie plana,
como una tabla de madera. Un plano
inclinado es una superficie plana
apoyada sobre algo.

Las rampas son planos inclinados.
Si levantas algo pesado, te resulta difícil, pero
si lo empujas por una rampa es más fácil.

Una cuña es otro tipo
de plano inclinado.

cuña

Una cuña te puede ayudar a cortar
un leño. Cuando golpeas con cuidado
la cuña con un martillo, la punta
delgada parte el leño.

Las ruedas ayudan a mover cosas.

eje

Un eje, o varilla, conecta dos ruedas.
El eje ayuda a que las ruedas giren al
mismo tiempo.

150

Las bicicletas y los autos tienen ruedas. Sería muy difícil mover una bicicleta o un auto sin ruedas.

Una polea ayuda a levantar objetos pesados.

polea

La cuerda de la polea pasa por una rueda pequeña.

Al jalar un lado de la cuerda, puedes levantar la carga pesada que está abajo.

Una polea ayuda
a izar y bajar la bandera.

Tal vez has visto izar
las velas de un barco
con una polea.

rollo de
cuerda

153

Estos niños usan dos tipos de máquinas simples. Una carretilla es un tipo de palanca con ruedas.

Veo que todos usamos máquinas simples.

¡Imagínalo! | Volver a contar

CALLE DE LA LECTURA EN LÍNEA
ORDENACUENTOS
www.CalledelaLectura.com

Piensa críticamente

1. ¿Qué experiencias tienes con máquinas simples en el salón de clase? **El texto y tú**

2. ¿Qué quiere el autor que aprendas sobre las máquinas simples? **Propósito del autor**

3. ¿De qué trata esta selección? **Idea principal y detalles**

4. ¿Te detuviste para resumir lo que habías leído sobre las palancas antes de seguir leyendo? ¿Cómo te ayudó eso? **Resumir**

5. Mira de nuevo y escribe Vuelve a mirar la página 146. Investiga qué otras máquinas son planos inclinados. Con la ayuda de tu maestro, crea una dramatización acerca de unos niños que usan alguna de estas máquinas. Represéntala con tus compañeros.

PRÁCTICA PARA EL EXAMEN Respuesta desarrollada

Allan Fowler

Allan Fowler ha escrito muchos libros de ciencia para lectores principiantes. Le gusta viajar y escribir sobre diferentes partes del mundo.

El Sr. Fowler nació en Nueva York, pero ahora vive en Chicago. Antes de convertirse en escritor, trabajó en la industria de la publicidad.

Busca más cuentos sobre buenas ideas.

Hagamos una gráfica

¿Para qué se usa una Línea?

Escrito por Holly Hartman

Usa el Registro de lecturas del *Cuaderno de lectores y escritores*, para anotar tus lecturas independientes.

Objetivos
• Comprender y usar los pronombres al leer, escribir y hablar.

Leamos juntos

¡Escribamos!

Aspectos principales de un anuncio

● Dice lo bueno de un producto o un servicio.

● Dice cómo es el producto o el servicio.

CALLE DE LA LECTURA EN LÍNEA
GramatiRitmos
www.CalledelaLectura.com

Anuncio

Un **anuncio** trata de convencer a las personas de que usen un producto o un servicio. El modelo del estudiante de la página siguiente es un ejemplo de un anuncio comercial.

Instrucciones Piensa en una máquina y por qué las personas la usan. Escribe un anuncio para convencer a las personas de que usen esa máquina.

Lista del escritor

Recuerda que debes...

☑ usar palabras que hagan que las personas usen la máquina.

☑ asegurarte de que todo el anuncio sea acerca de la máquina.

☑ usar por lo menos un pronombre.

¡Comida siempre fresca!

Mire las neveras.

Con **ellas** la comida siempre está fresca.

Compre una nevera.

A su familia **le** encantará.

Género:
Este **anuncio** dice por qué las personas deben usar neveras.

Característica de la escritura: Enfoque/ Ideas Todas las oraciones tratan de la idea principal.

Los **pronombres ellas** y **le** reemplazan las palabras *neveras* y *nevera*.

Normas

Más sobre pronombres

Recuerda Los pronombres reemplazan algunas palabras en la oración.

Papá mira a mamá. **Él la** mira.

159

Ciencias en Lectura

Género
No ficción literaria

- La no ficción literaria habla de personas, animales, lugares o sucesos reales, y casi siempre tiene fotografías.

- La no ficción literaria tiene una idea principal y hechos o detalles que explican la idea principal.

- La no ficción literaria tiene elementos de un cuento, como personajes, argumento o ambiente.

- Lee *La silla de ruedas de Roy*. Al leer, piensa por qué es no ficción literaria.

La silla de ruedas de Roy

por Callen Watkins

Leamos juntos

Roy usa una silla de ruedas. La silla tiene ejes y ruedas. Roy va a todas partes en su silla.

160

Pensemos...

¿Por qué esta selección es una no ficción literaria?
No ficción literaria

Roy va a la tienda de juguetes. Pasa por la rampa para entrar.

Pensemos...

¿Cómo ayuda
la fotografía
a explicar las
palabras?
**No ficción
literaria**

La puerta es muy pesada. Roy aprieta un botón y la puerta se abre.

¡Roy hace muchas cosas en su silla de ruedas!

Pensemos...

¿Cuál es la idea principal de esta selección?
No ficción literaria

Pensemos...

Relacionar lecturas
Máquinas simples y *La silla de ruedas de Roy* hablan de máquinas que usa la gente. Describe cada máquina y explica para qué sirve.

Escribir variedad de textos Escribe una lista de las maneras en que las máquinas de *Máquinas simples* y *La silla de ruedas de Roy* ayudan a la gente.

Objetivos

• Leer y comprender textos al nivel del grado. • Averiguar el significado de las palabras según se escuchan o se leen en una oración. • Comprender y usar los pronombres al leer, escribir y hablar. • Responder a los medios de comunicación con el movimiento.

Leamos juntos

¡Aprendamos!

CALLE DE LA LECTURA EN LÍNEA
ACTIVIDADES DE VOCABULARIO
www.CalledelaLectura.com

Prepárate para el segundo grado

Puedes responder a los medios bailando.

Lectura y medios de comunicación

Responder a los medios Cuando escuchamos algo en la radio o vemos algo en la televisión, podemos responder moviéndonos. Podemos imitar o interpretar lo que vemos y escuchamos. Bailar al ritmo de la música es una forma de responder a los medios.

¡Practícalo! Escucha una canción que toque el maestro. ¿Qué sientes? Usa un pronombre para decir cómo te sientes. Muévete al ritmo de la música.

164

Vocabulario

Los **homónimos** son palabras que suenan igual y a veces se escriben igual, pero que no quieren decir lo mismo. Usa las claves del contexto para saber lo que quieren decir.

¡Practícalo! Lee cada oración. ¿Qué quiere decir la palabra subrayada?

Usa punto y <u>coma</u> al escribir.

¿<u>Saco</u> la basura?

Esta <u>pluma</u> es de un águila.

Fluidez

Fraseo apropiado Cuando veas una coma en una oración, para y después sigue leyendo.

¡Practícalo!

1. Tal vez pueda leer, pero no es seguro.

2. Quiero vivir aquí, cerca de mi abuelita.

3. Lo trae arriba, abajo y adentro.

Objetivos

• Escuchar atentamente a los hablantes y hacer preguntas para comprender mejor el tema. • Comentar información e ideas sobre un tema. Hablar a un ritmo normal.

Vocabulario oral

Hablemos sobre

Leamos juntos

Ideas que cambian nuestro mundo

- Habla sobre ideas que han cambiado nuestro mundo.

- Participa en una conversación sobre inventos.

- Comenta lo que piensas sobre cómo una gran idea puede cambiar nuestra forma de vida.

CALLE DE LA LECTURA EN LÍNEA
VIDEO DE HABLAR DEL CONCEPTO
www.CalledelaLectura.com

Conciencia fonológica

Escuchemos

Sílabas

Leamos juntos

● Escucha estas palabras: *paisaje, aire.* Sepáralas en sílabas. ¿En qué se parecen la primera sílaba de cada palabra? Busca algo que tenga /ai/, como *aire.*

● Escucha estas palabras: *oigo, doy.* ¿En qué se parecen estas palabras? Busca una cosa que tenga /oi/, como *oigo.* Busca dos cosas que tengan /ei/, como *ley.* Di las palabras.

● Escucha: *leer.* Separa la palabra en sílabas. ¿Qué vocal se repite en esta palabra?

● Escucha: *palmada.* ¿Qué palabra queda si le quitas /da/?

CALLE DE LA LECTURA EN LÍNEA
TARJETAS DE SONIDOS Y GRAFÍAS
www.CalledelaLectura.com

Objetivos
• Decodificar palabras que incluyan sílabas abiertas. • Decodificar palabras por separado, incluyendo sílabas abiertas. • Decodificar sílabas. • Comprender el vocabulario nuevo y utilizarlo correctamente al leer y al escribir.

¡Imagínalo! Sonidos y sílabas

bailar

-ai-

boina

-oi-

peine

-ei-

rey

-ey-

CALLE DE LA LECTURA EN LÍNEA
TARJETAS DE SONIDOS Y GRAFÍAS
www.CalledelaLectura.com

Fonética

Diptongos *ai, ay, oi, oy, ei, ey*

Sonidos y sílabas que puedo combinar

ay

r ey

p ei n e

oi g o

b ai l a r

d oy

Oraciones que puedo leer

1. ¡Ay, qué dolor!

2. El rey pide su peine.

3. No oigo bailar a mi vecino hoy.

Palabras que puedo leer

uno

quería

hizo

libros

madre

Oraciones que puedo leer

1. Uno quería ir a Haití y el otro, a Uruguay.

2. Mi madre hizo una boina rosada.

3. Tengo veinte libros en español.

¡Imagínalo! Sonidos y sílabas

pan
panadero
panadería

Fonética

🔊 Raíces de las palabras

Sonidos y sílabas que puedo combinar

c a r t e r o

b a r b e r o

p i n t o r

fl o r e r o

e scr i t o r

Oraciones que puedo leer

1. ¡El cartero y el barbero son amigos!

2. ¡Mira, el pintor pintó un florero!

3. Un buen escritor lee mucho.

Un príncipe quería comprarle flores a su madre. Pero el jardinero no tenía ni una.

Entonces, el príncipe hizo que el jardinero pensara en otro regalo. Al día siguiente, el jardinero llegó con unos libros, y le dijo:

—Dele uno de mis seis libros. Uno de ellos habla de cómo las abejas ayudan a que las flores crezcan.

—¡Ay, qué buena idea! —dijo el príncipe—. Mi madre es una gran lectora.

Has aprendido

- Diptongos
  ai, ay, oi, oy, ei, ey
- Raíces de las palabras

Palabras de uso frecuente
quería   hizo   madre
uno   libros

Alexander Graham Bell:
Un gran inventor

por Lynne Blanton
ilustrado por Guy Francis

Género

Una **biografía** es un texto informativo que cuenta la historia de la vida de una persona. Ahora vas a leer sobre Alexander Graham Bell, el hombre que inventó el teléfono.

¿Por qué una gran idea puede cambiar nuestra forma de vida?

Juventud

1847

Nace en Escocia

1861

Inventa la peladora de trigo

1863

Da clases de música
en una escuela

1863

Da clases de lenguaje
a niños sordos

Alexander Graham Bell nació en Escocia, en 1847. Su familia lo llamaba Aleck. Su madre era sorda. Su padre enseñaba a hablar a niños sordos.

A Aleck le gustaba la música. Por eso, su
mamá le enseñó a tocar el piano desde pequeño.
Ella no podía oír, pero eso no la detuvo y
aprendió a tocar el piano muy bien. En poco
tiempo, Aleck comenzó a dar clases de piano.

El papá de Aleck le enseñaba a hablar a los niños sordos. A Aleck le gustaba verlo cuando les enseñaba. Por eso, decidió dar clases de lenguaje a personas sordas.

Cuando era joven, a Aleck le gustaba leer libros sobre la ciencia del sonido. Pero lo que más le gustaba era inventar cosas nuevas. Soñaba despierto con todas las cosas que quería inventar.

Aleck inventó una máquina muy útil. Ésta le quitaba la cáscara al trigo con un cepillo. La llamó la peladora de trigo. ¡Además inventó un aparato que hizo pensar a la gente que su perro podía hablar!

Un nuevo hogar

1870

Se muda a Canadá

1871

Se muda a Boston

1873

Pasa más tiempo
haciendo inventos

A los veintitrés años, Aleck Bell se puso muy enfermo y se mudó a Canadá con su familia. Todos esperaban que se mejorara en su nueva casa, y así sucedió.

Luego, se mudó a Boston. Allí
daba clases de lenguaje a estudiantes
sordos, tal como lo hacía su padre.

ILLUSTRACIONES del HABLA VISIBLE

A Bell le gustaba dar clases, pero le gustaba más inventar cosas. Un día, pensó: "Doy tantas clases que no tengo tiempo para inventar. Voy a dedicar más tiempo a mis inventos".

Una gran idea

1874
Conoce a Thomas Watson

1876
Inventa el teléfono

1922
Muere en Canadá

Un día, mientras compraba materiales, Bell conoció a Thomas Watson. Watson hacía herramientas y había ayudado antes a muchos inventores. Bell le contó a Watson sus planes para inventar un teléfono.

Bell y Watson trabajaron día y noche en el nuevo proyecto. Bell comenzó a pensar que su invento iba a tener éxito. Así que sacó una patente para el primer teléfono. Una patente dice que un inventor es dueño de su invento y que puede fabricarlo y venderlo de acuerdo a la ley.

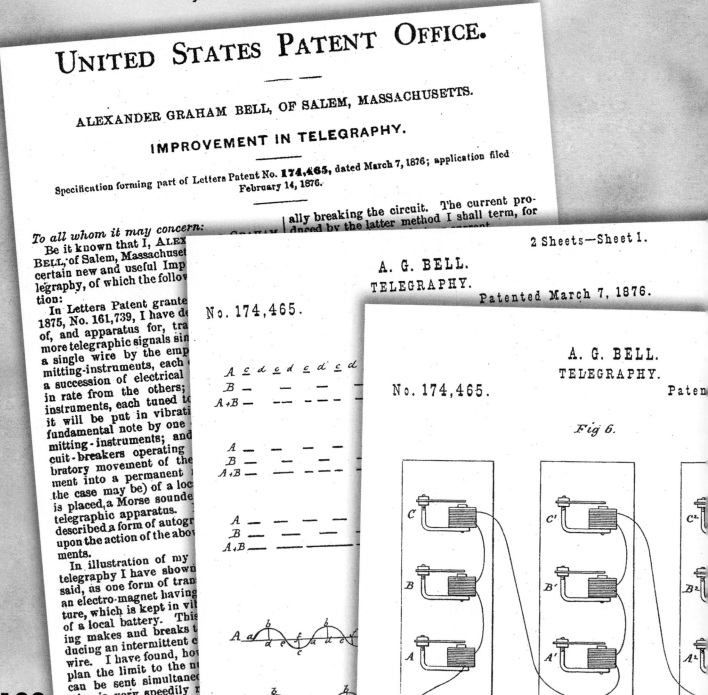

UNITED STATES PATENT OFFICE.

ALEXANDER GRAHAM BELL, OF SALEM, MASSACHUSETTS.

IMPROVEMENT IN TELEGRAPHY.

Specification forming part of Letters Patent No. **174,465**, dated March 7, 1876; application filed February 14, 1876.

La primera llamada por teléfono se hizo el 10 de marzo de 1876.

2 Sheets—Sheet 2.

tented March 7, 1876.

C^2

B^2

A^2

Ese día, Bell tumbó un frasco sin querer, y llamó para pedir ayuda.

—Oiga, Sr. Watson. ¡Hay algo en lo que necesito su ayuda! Venga por favor.

O por lo menos, eso cuenta la historia.

Watson llegó corriendo. ¡Había escuchado la voz de Bell a través de los cables! ¡El teléfono funcionaba!

Bell viajó a muchos lugares con su teléfono. La gente observaba mientras él les mostraba cómo funcionaba. En poco tiempo, muchas ciudades y pueblos tenían teléfonos.

Bell siguió inventando cosas, hasta que murió en 1922. Siempre tendrá un lugar en la historia como uno de los grandes inventores de todos los tiempos.

bocina

auricular

1922   **Hoy en día**

¡Imagínalo! | Volver a contar

CALLE DE LA LECTURA EN LÍNEA
ORDENACUENTOS
www.CalledelaLectura.com

194

Piensa críticamente

1. ¿Por qué el invento de Alexander Graham Bell es importante para la gente de todo el mundo? El texto y el mundo

2. ¿Por qué crees que la autora quería escribir sobre Bell? Propósito del autor

3. ¿Qué pasó después de que Bell y Thomas Watson se conocieron? Asegúrate de contar los sucesos importantes que ocurrieron en el cuento en un orden lógico. Secuencia

4. ¿Cómo te ayudan las fechas importantes a entender la vida de Bell? Estructura del texto

5. **Mira de nuevo y escribe** Vuelve a mirar las páginas 177 a 181. Escribe un comentario breve sobre cómo era Aleck Bell de niño. Localiza el detalle en la historia.

PRÁCTICA PARA EL EXAMEN | Respuesta desarrollada

Guy Francis

Guy Francis empezó a crear personajes de dibujos animados cuando tenía nueve años. Ahora hace ilustraciones para libros y juegos infantiles.

El Sr. Francis es muy creativo. Con la ayuda de su padre y sus hermanos incluso construyó una cabaña para la granja de su familia.

Busca más cuentos sobre buenas ideas.

 Usa el Registro de lecturas del *Cuaderno de lectores y escritores*, para anotar tus lecturas independientes.

195

Escritura narrativa

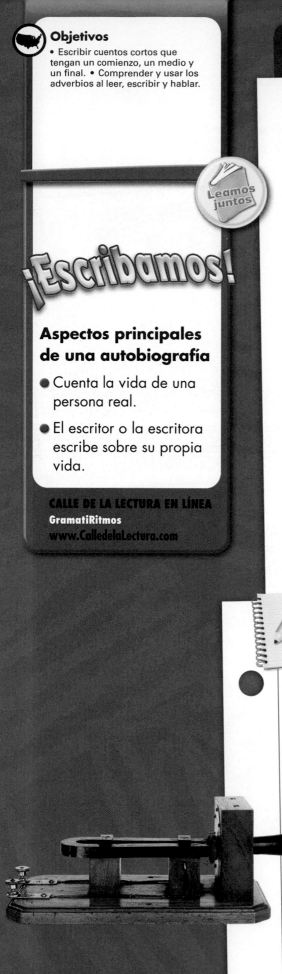

¡Escribamos!

Aspectos principales de una autobiografía

● Cuenta la vida de una persona real.

● El escritor o la escritora escribe sobre su propia vida.

CALLE DE LA LECTURA EN LÍNEA
GramatiRitmos
www.CalledelaLectura.com

Autobiografía

Una **autobiografía** es la historia que un autor escribe acerca de su propia vida. El modelo del estudiante de la página siguiente es un ejemplo de una autobiografía.

Instrucciones Piensa en las cosas que puedes hacer muy bien. Ahora escribe una autobiografía que hable de esas cosas.

Lista del escritor

Recuerda que debes...

☑ escribir acerca de una parte de tu vida, usando **yo, mí** y **me.**

☑ ordenar las oraciones de principio a fin.

☑ escribir adverbios que digan **cómo, cuándo** o **dónde.**

El béisbol y yo

A mamá le gusta el béisbol. Ella me enseñó a jugar.

Juego desde los dos años.

Aprendí **rápidamente**.

Ahora soy un buen jugador.

Puedo atrapar, lanzar y batear **bien**. A mí también me gusta el béisbol.

**Género:
Autobiografía**
El escritor usa pronombres como *yo, me* o *mí.*

**Característica de la escritura:
Oraciones**
Las oraciones cuentan las ideas del escritor.

El **adverbio rápidamente** dice cómo aprendió a jugar el escritor. **Ahora** es un adverbio de tiempo.

Normas

- **Adverbios**

  Recuerda Un **adverbio** te dice cómo, cuándo o dónde pasa algo.

- Yo camino **rápidamente.** Ella juega **hoy.**

- Él se cayó **aquí.**

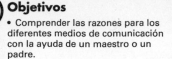

Objetivos
- Comprender las razones para los diferentes medios de comunicación con la ayuda de un maestro o un padre.

Destrezas del siglo XXI

EXPERTO EN LA INTERNET

Leamos juntos

¡La Internet está llena de sitios con información! Si tienes que escribir un informe o si quieres leer más sobre un tema que te interesa, hay muchos sitios Web con la información que necesitas.

- Un sitio Web es un lugar o una dirección en la Internet donde se puede encontrar un documento de la Red Mundial Global, conocida en inglés como *World Wide Web.*

- El objetivo de un sitio Web es dar información sobre un tema. Podemos visitar diferentes sitios Web.

- Todos los sitios Web tienen textos e ilustraciones, pero cada sitio Web está organizado de manera diferente. Observa cómo están organizados varios sitios.

Inventos

La **HISTORIA** DE LOS **INVENTOS**

A Martina le encantan las ciencias. Quiere aprender más sobre los inventos, así que entra a Internet y visita un sitio llamado "La historia de los inventos". Esto es lo que ve.

198

Martina hace clic sobre una imagen para ver más información.

El teléfono celular se inventó en 1973.

Martina lee sobre algunos de los primeros inventos, como el teléfono y el avión. También aprende cómo los inventos cambian a través del tiempo.

para más práctica

Busca en línea
www.CalledelaLectura.com
Usa un sitio Web para buscar información sobre los telescopios.

Destrezas del siglo XXI Actividad en línea
Conéctate y sigue las instrucciones para usar un sitio Web para buscar más información sobre la historia de los telescopios.

Objetivos

• Leer y comprender textos al nivel del grado. • Averiguar el significado de las palabras compuestas mirando el significado de cada parte. • Comprender las diferentes maneras de enviar mensajes o causar sentimientos en los medios de comunicación. • Comprender y usar los adverbios al leer, escribir y hablar.

Leamos juntos

¡Aprendamos!

CALLE DE LA LECTURA EN LÍNEA
ACTIVIDADES DE VOCABULARIO
www.CalledelaLectura.com

Prepárate para el segundo grado

Las técnicas de los medios, como el sonido y el movimiento, llaman la atención del que oye o mira.

Lectura y medios de comunicación

Las **técnicas de los medios** La televisión y la Internet son medios que tienen sonidos y movimientos. Los sonidos y los movimientos llaman la atención del que los oye o los mira.

¡Practícalo! ¿Cómo usarías sonidos o movimientos para llamar la atención de los que ven un programa de televisión o visitan un sitio Web que trate de los siguientes temas?

zoológico   partido de fútbol   cafetería

Vocabulario

Una **palabra compuesta** está formada por dos palabras más cortas.

portarretratos

Portarretratos es una palabra compuesta.

¡Practícalo! Lee estas palabras. Escribe las dos palabras que forman la palabra compuesta. Luego, dibuja la palabra compuesta.

sacapuntas   rascacielos   tomacorriente

Fluidez

Expresión y entonación Al leer, trata de hacerlo con emoción. Usa la voz para mostrar expresión.

¡Practícalo!

1. ¡Mayte quería comprar seis libros!

2. ¡Mi madre es bailarina y deportista!

3. ¿Hizo sólo uno?

Objetivos

- Escuchar atentamente a los hablantes y hacer preguntas para comprender mejor el tema. • Comentar información e ideas sobre un tema. Hablar a un ritmo normal.

Vocabulario oral

Hablemos sobre

Ideas que cambian nuestro mundo

Leamos juntos

- Recuerda cómo podemos ver las cosas de manera diferente.

- Comenta tus ideas sobre lo que puede pasar cuando a alguien se le ocurre una nueva idea.

CALLE DE LA LECTURA EN LÍNEA
VIDEO DE HABLAR DEL CONCEPTO
www.CalledelaLectura.com

202

Conciencia fonológica

Escuchemos

Sílabas

Leamos juntos

● El subibaja parece inservible. Di: "inservible". Busca cosas que tengan el prefijo *in-*, como *inservible*.

● Busca cosas que tengan los prefijos *des-* y *re-*, como *descubrir* y *reaparecer*.

● Di: "canoa", "tarea". Cuenta un dedo por cada sílaba que escuches. ¿Cuántas sílabas hay en estas palabras?

● Di: "podadora". Cuenta un dedo por cada sílaba. ¿Cuántos dedos contaste?

CALLE DE LA LECTURA EN LÍNEA
TARJETAS DE SONIDOS Y GRAFÍAS
www.CalledelaLectura.com

205

Objetivos
• Decodificar palabras por separado, incluyendo sílabas abiertas.
• Decodificar palabras que incluyan sílabas cerradas. • Decodificar palabras por separado, incluyendo sílabas cerradas. • Decodificar palabras por separado, incluyendo grupos consonánticos. • Decodificar palabras que tengan acento ortográfico.

¡Imagínalo! Sonidos y sílabas

incorrecto

in- -correcto

imperfecto

im- -perfecto

Fonética

Prefijos *in-*, *im-*

Sonidos y sílabas que puedo combinar

i n v i s i bl e

i m b o rr a bl e

i n q u i e t o

i m p a c i e n t e

i m p o s i bl e

Oraciones que puedo leer

1. Manché mi saco con tinta imborrable.

2 Mateo es inquieto e impaciente.

3. ¡Imposible, no hay hombre invisible!

Recuerda que antes de *b* y de *p* se escribe *m,* y que antes de *v* se escribe *n.* Escribe una palabra que siga esta regla.

Palabras que puedo leer

muchacha

rojos

hola

diferente

como

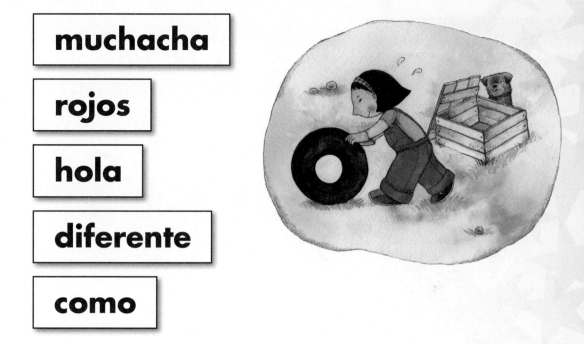

Oraciones que puedo leer

1. La muchacha quiere vestidos rojos y azules.

2. El hombre invisible dijo "hola", pero nadie lo vio.

3. ¿Quieres ser diferente o como los demás?

¡Imagínalo! Sonidos y sílabas

desenvolver

des- -envolver

replantar

re- -plantar

Fonética

Prefijos *des-, re-*

Sonidos y sílabas que puedo combinar

d e s t a p ó

r e ll e n ó

d e s c a n s a s

r e a n i m a r

d e s i n fl a r

Oraciones que puedo leer

1. Destapó la bombonera y la rellenó de bombones.

2. Si descansas, te vas a reanimar.

3. Hay que desinflar el globo.

¡Ya puedo leer!

¡Tú puedes cambiar el mundo! Nada es imposible. Saluda con un "hola" y una sonrisa. Si una muchacha desconocida llega a la escuela, trátala como a una amiga.

Si te encuentras a alguien con ojos rojos y húmedos, dale ánimo. No seas imprudente, descortés ni desagradable con los demás. ¡Así el mundo será diferente!

Has aprendido

- Prefijos *in-, im-*
- Prefijos *des-, re-*

Palabras de uso frecuente
hola   muchacha   como
rojos   diferente

El jardín de piedras

por Chieri Uegaki
ilustrado por Miki Sakamoto

Género

La **ficción realista** sucede en un lugar que parece real. Esta historia sucede en el patio de una ciudad grande.

Pregunta de la semana

¿Qué puede ocurrir cuando alguien tiene una nueva idea?

211

Momoko se sentó en los escalones
de la entrada de su nueva casa.

—Aquí hace falta un jardín —le dijo
a su perro Pochi.

El lote que tenía al frente estaba rodeado por casas iguales a la suya. Aparte de tres llantas y unas cuanta piedras, era un lugar frío y vacío como la Luna.

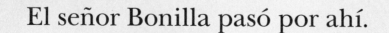

El señor Bonilla pasó por ahí.

—Hola, Momoko —dijo.

—Señor Bonilla, ¿es suyo este lote?

—No. No es de nadie —dijo el señor Bonilla—,
porque nadie tiene tiempo para ocuparse de él.

—¿Puedo hacerle cambios? —preguntó Momoko.

El señor Bonilla se encogió de hombros.

—Claro que sí, siempre que no me des más trabajo.

Momoko pensó que lo primero que tenía que hacer era limpiar ese pobre y descuidado lote. Así que recogió toda la basura. Barrió y volvió a barrer el suelo hasta que quedó limpio.

Después, ella y Pochi jugaron a amontonar las llantas en una esquina, y a llevar unos cajones viejos a la otra esquina.

Luego, Momoko llevó todas las piedras
que pudo acomodar en sus bolsillos.

Ahora estaba lista para sembrar. Hizo un
surco con una cuchara vieja que su madre
le había dado. Puso las piedras en el surco,
una por una. Cubrió piedras con tierra y las regó
con agua que trajo en una lata de comida. Luego
se sentó y esperó, llena de ilusión.

Ahora todos en el vecindario la miraban. La miraban desde las ventanas. Algunos la miraban con desinterés. A otros les daba mucha curiosidad. Uno por uno, los vecinos salieron al lote.

—Sembré un jardín de piedras —respondía Momoko a los que le preguntaban.

—¡Un jardín de piedras! ¡Ja! Eso es imposible
—dijo un hombre. Momoko sonrió y siguió
trabajando, tan incansable como siempre.
El hombre volvió más tarde.

—Toma —le dijo,
y le dio una maceta con
pensamientos amarillos.

Momoko le dio las gracias. Sembró
los pensamientos en la tierra y ambos
se pararon a admirarlos.

Más tarde, pasó una muchacha
y le preguntó a Momoko qué estaba haciendo.
—Sembré un jardín de piedras —dijo ella.

La joven sonrió. Pero como Momoko siguió desmalezando y regando, se fue y regresó con un regalo.

—Son tulipanes —dijo y le dio a Momoko una bolsa llena de bulbos.

Momoko le dio las gracias y sembró los bulbos por todo el lote.

Una mañana, Momoko vio
que alguien había enterrado las tres
llantas viejas a lo largo de un lado
del lote. Dentro de cada llanta,
había un pequeño rosal.

Al día siguiente, encontró dos cajones llenos
de tierra. En un cajón había varias plantas
de tomate. El otro tenía dos rótulos. Uno decía
"zanahorias" y el otro decía "chícharos".

Y pasó el tiempo. Cada día había algo diferente.
El señor Bonilla le prestó una manguera
a Momoko. Aparecieron un par de arbolitos de
manzanas. Un día un vecino dejó una dalia llena
de botones rojos. Apareció una cesta de hierbas
de olor junto a los cajones de las verduras,
con un pequeño león de piedra, como protección.

A medida que el jardín de piedras crecía, Momoko conocía más y más vecinos. Empezaron a aparecer sillas frente a la entrada de las casas. Cada tarde, los vecinos se sentaban afuera. Algunos platicaban mientras le ayudaban a Momoko a cuidar el jardín.

A Momoko le encantaban todos los árboles, los arbustos y las flores del jardín. Pero lo que más le gustaba eran las verduras. Se llenó de emoción cuando una tibia mañana vio que un brote tierno salía de la tierra y se desenvolvía lentamente.

—¡Qué lindo! —gritó Momoko y corrió
a contarle a todo el mundo.

Todos salieron a ver lo que estaba pasando.

—¡Es increíble! —dijo el señor Bonilla— ¿Quién hubiera imaginado que aquí pudiera crecer un jardín como éste?

Momoko se arrodilló a mirar con atención las pequeñas plantas. ¿Quién hubiera imaginado lo que se puede cultivar con un puñado de piedras?

Objetivos
• Volver a contar el principio, el medio y el final de un cuento, en el orden que sucedieron los eventos. • Leer por su cuenta por un período de tiempo. • Hacer inferencias sobre la lectura usando detalles para apoyar las ideas.

¡Imagínalo! | Volver a contar

CALLE DE LA LECTURA EN LÍNEA
ORDENACUENTOS
www.CalledelaLectura.com

Piensa críticamente

Leamos juntos

1. Imagínate que tienes un jardín. ¿Qué sembrarías en él? ¿Por qué? El texto y tú

2. ¿Cómo muestra la autora los cambios en el vecindario de Momoko? Piensa como un autor

3. ¿Qué te enseña este cuento sobre las comunidades? Tema

4. ¿Por qué al principio todos se burlaban del jardín de Momoko? Inferir

5. Mira de nuevo y escribe
Vuelve a mirar las páginas 224 a 226. ¿Qué creció en el jardín de piedras de Momoko? Localiza el detalle en la historia y escribe un comentario breve. Usa detalles que describan la trama. Recuerda describir el problema y la solución.

PRÁCTICA PARA EL EXAMEN Respuesta desarrollada

Chieri Uegaki

Chieri Uegaki empezó a escribir cuentos cuando tenía siete años. Su padre tenía una máquina fotocopiadora en casa, por lo que la Sra. Uegaki imprimía su propio periódico de la familia. Chieri recuerda que una vez escribió un cuento para al periódico sobre una uva llamada Gary, que se convirtió en pasa.

Busca más cuentos sobre buenas ideas.

Mira la portada del libro *Arena en los zapatos*. Haz inferencias basándote en la portada de este libro.

Usa el Registro de lecturas del *Cuaderno de lectores y escritores*, para anotar tus lecturas independientes.

Leamos juntos

¡Escribamos!

Aspectos principales de un poema

- Algunos son más cortos que un cuento.
- Las líneas terminan casi siempre con palabras que riman.

CALLE DE LA LECTURA EN LÍNEA
GramatiRitmos
www.CalledelaLectura.com

Poema

Un **poema** puede contar cómo es algo o lo que sientes o piensas. El modelo del estudiante de la página siguiente es un ejemplo de un poema.

Instrucciones Piensa en algo viejo de lo que puedas hacer algo nuevo. Ahora escribe un poema acerca de cómo lo harías.

Lista del escritor

Recuerda que debes...

☑ contar cómo hacer algo nuevo de algo viejo.

☑ usar la puntuación correcta.

☑ usar por lo menos una frase preposicional.

Una media que canta

Ponte una media **en la mano**

y haz un títere que canta.

Ponle un chaleco de manta

y ahora que baile tu hermano.

Género:
Este **poema** tiene palabras que riman: **mano, hermano, canta, manta.**

La **preposición en** comienza la **frase preposicional en la mano.** Di la frase completa.

Característica de la escritura Las oraciones están completas y terminan con la puntuación correcta.

Normas

- **Preposiciones y frases preposicionales**

- **Recuerda A, en, con, para, sin, sobre** y **desde** son preposiciones. Una preposición empieza una **frase preposicional,** como

- **en la mesa.**

235

Género
Poesía

- A veces los poemas cuentan una historia, pero también expresan los sentimientos del poeta.

- Los poemas se escriben en versos y en estrofas. A veces tienen rima y siempre tienen ritmo.

- Los poemas a veces tienen aliteración, es decir, palabras seguidas y con el mismo sonido inicial.

- Lee los poemas. Al leer, encuentra la rima, el ritmo o la aliteración, así como las preposiciones y frases preposicionales. Di una oración que tenga una preposición.

Encargo

por Dora Alonso

Por carta certificada
encargó el Gallo Pelón,
con letra muy adornada,
una peluca rizada
de plumitas de gorrión.

Correo Certificado
Gallo Pelón
Los Alamos
12345

La pulga viajera

por Gloria Cecilia Díaz

Una pulga
dice
que viaja
en autobús…
Ese perro
lanetas
es su bus.

Pensemos…

¿Qué palabras **riman** en el primer poema?

Pensemos…

Marca el ritmo de cada poema con palmadas.

Canción de la nube

por Adrián Ramírez Flores

Pensemos...

¿Qué aliteración ves en este poema?

A una nube blanca,
nube de algodón,
le dolía mucho,
mucho el corazón.

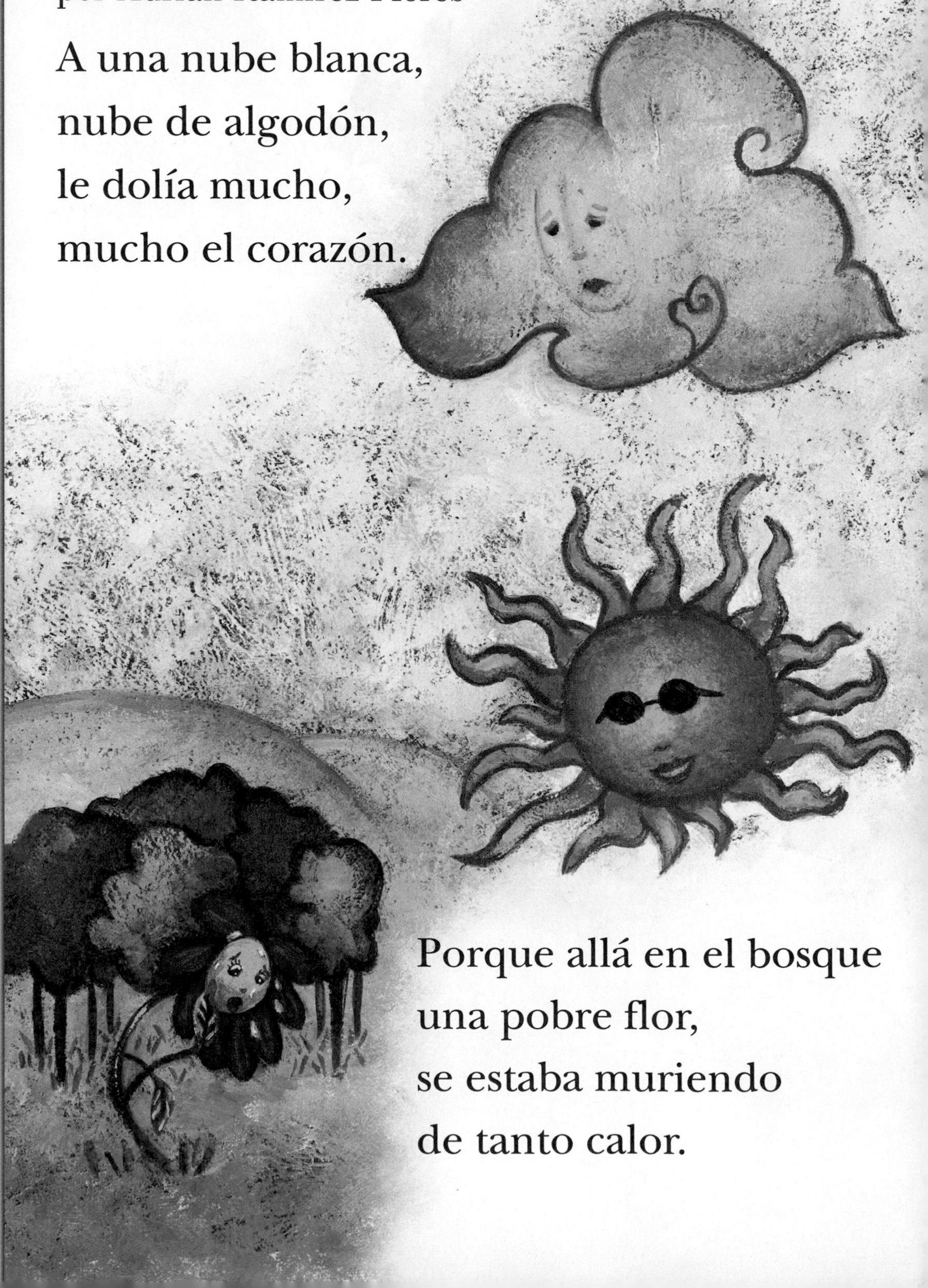

Porque allá en el bosque
una pobre flor,
se estaba muriendo
de tanto calor.

El amigo viento
la llevó hasta el río
y la nube blanca
se bebió el rocío.

Con la fresca lluvia
se bañó la flor
y la nube blanca
se sonrió de amor.

Pensemos...

En este poema,
¿el poeta nos
cuenta una historia
o expresa sus
sentimientos?
¿Cómo lo sabes?

Pensemos...

**Relacionar
lecturas** ¿Qué
idea se le ocurre
a Momoko en *El
jardín de piedras*?
¿Qué ideas se
le ocurren a los
poetas en estos tres
poemas? ¿De qué
manera estas ideas
cambian las cosas
que ves?

**Escribir variedad
de textos** Escribe
un poema sobre el
jardín de Momoko.
Puedes describir
cómo lo hizo,
cómo quedó al
final, o cómo se
sintió Momoko
al terminarlo.
Usa rima, ritmo
y aliteración.

Leamos juntos

¡Aprendamos!

CALLE DE LA LECTURA EN LÍNEA
ACTIVIDADES DE VOCABULARIO
www.CalledelaLectura.com

Lectura y medios de comunicación

Prepárate para el segundo grado

Piensa en maneras de responder a los medios de comunicación.

Responder a los medios Una manera de responder a los medios es hacer un dibujo o escribir sobre lo que vemos, oímos o leemos. Podemos responder de una manera que muestre cómo nos sentimos, qué aprendimos o qué nos gustó.

¡Practícalo! Mira el menú del almuerzo escolar. Dibuja dos de los alimentos. Di y escribe oraciones para cada dibujo. Usa frases preposicionales.

Vocabulario

Las **palabras de tiempo y orden** dicen cuándo pasan las cosas.

hoy   **mañana**

Hoy y *mañana* son palabras de tiempo y orden.

¡Practícalo! Lee estas palabras. Úsalas para contar un cuento.

ayer   primero   luego   después

Fluidez

Fraseo apropiado Al leer, los signos de puntuación te dicen cuándo parar, mostrar entusiasmo, subir la voz o dejar de leer.

¡Practícalo!

1. ¡Hola, muchacha, qué diferente te ves!

2. Para rehacer el suéter, debes desenredar el hilo.

3. Es imposible hallar hilos rojos como ésos.

arce • bulbos

Aa

arce Un **arce** es un tipo de árbol. Sembramos un **arce** en el patio de la escuela.

aspiradora La **aspiradora** es un aparato que se usa para quitar el polvo. Necesitamos una nueva **aspiradora** para limpiar la casa.

Bb

bellota La **bellota** es un fruto duro y de color café que dan algunos árboles como el roble. Las ardillas comen **bellotas**.

bulbos Los **bulbos** son partes de una planta de las que puede salir una planta nueva. Sembramos **bulbos** de tulipán.

bulbos

Cc

contrata **Contrata** quiere decir que le da trabajo. Todos los años la señora Lugo **contrata** a un jardinero.

cultivar **Cultivar** es sembrar plantas y cuidarlas para que crezcan. Vamos a **cultivar** tomates en ese terreno.

Dd

desintegrarse **Desintegrarse** es separarse hasta desaparecer. En el otoño, las hojas de los árboles caen al suelo y empiezan a **desintegrarse**.

desocupados/as Esos edificios están **desocupados** desde hace dos meses.

detectives • **especial**

detectives Los **detectives** son personas que investigan un crimen o un misterio. Los **detectives** investigan el robo del banco.

detective

Ee

eje Un **eje** es una varilla de metal que gira en medio de una o más ruedas. El **eje** de la rueda está roto.

escocía Me quemé tanto con el sol, que la piel me **escocía**.

especial **Especial** quiere decir diferente de lo común. Hice una tarjeta **especial** para ti.

etiqueta **etiqueta** se refiere a ropa muy elegante que se usa en ocasiones especiales. Luis se compró un traje de **etiqueta**.

existe Una cosa que **existe** es real y verdadera. El aire **existe** aunque no lo veamos.

éxito Tener **éxito** quiere decir que algo que hagas, te salga bien. La canción de Rosita tuvo mucho **éxito**.

etiqueta

Hh

habitación Una **habitación** es un cuarto de una casa o un hotel. Me gusta leer en esta **habitación**.

herramientas • investigar

herramientas Las **herramientas** son instrumentos que sirven para hacer algún trabajo. Traje mis **herramientas** de carpintero.

herramientas

Ii

inclinó Elena se **inclinó** para mirar las hormigas.

investigar **Investigar** es tratar de descubrir algo. Enrique va a **investigar** qué clase de oruga es ésta.

invisible Algo que no se puede ver es **invisible**. El aire que respiramos es **invisible**.

Jj

juanetes Los **juanetes** son los huesos de los dedos gordos de los pies que han crecido mucho. Los zapatos te quedan chicos porque tienes **juanetes**.

Ll

lenguaje **Lenguaje** es lo que usas para comunicarte con otras personas. Algunos animales también tienen un **lenguaje**.

lenguaje

lote • planeta

lote Un **lote** es un terreno vacío en casas o edificios. En ese **lote** vamos a construir nuestra casa.

Mm **máquinas** Las **máquinas** son cosas inventadas que usamos para trabajar mejor. Necesitamos **máquinas** para construir el puente.

Pp **planeta** Un **planeta** es una inmensa masa de roca y tierra que gira alrededor de una estrella como el Sol. La Tierra es nuestro **planeta**.

planeta

planos inclinados Un **plano inclinado** es una superficie plana con uno de sus extremos más alto. Algunas aceras tienen **planos inclinados** para que pasen las sillas de ruedas.

poleas

poleas Las **poleas** están hechas de ruedas y cuerdas. Te ayudan a levantar objetos **pesados**.

proyecto Un **proyecto** es un plan de trabajo o tarea importante. Mi papá trabaja en un **proyecto** de construcción de autopistas.

regáñala • rodeado

Rr   **regáñala** Si tu gata Morenita se porta mal, **regáñala**.

roble Un **roble** es un tipo de árbol muy grande y de madera muy dura. La mesa es de madera de **roble**.

roble

rodeado El lago está **rodeado** de altas montañas.

rótulos Los **rótulos** son letreros
que explican el contenido de algo.
Pusimos **rótulos** en todas las cajas de la
mudanza.

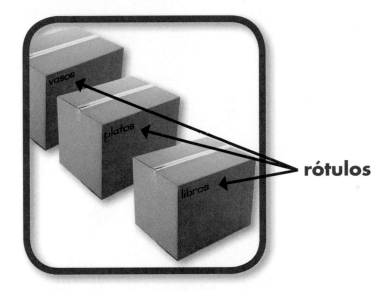

rótulos

siempre **Siempre** quiere decir todo
el tiempo. **Siempre** llego a mi casa
a las cinco.

sorda Una persona **sorda** no oye,
o no oye bien. La madre de Alexander
G. Bell era **sorda**.

251

suéter • **surco**

suéter Un **suéter** es una prenda de vestir tejida y de manga larga. Ponte el **suéter** antes de salir porque hace frío.

suéter

superficie La parte que cubre todas las cosas que se pueden tocar es una **superficie**. Esa piedra tiene una **superficie** muy lisa.

surco Un **surco** es una zanja que se hace en la tierra para sembrar. El campesino hizo un **surco** para sembrar maíz.

Tt

topo El **topo** es un animal pequeño, con fuertes uñas que usa para cavar la tierra. En mi patio vive un **topo**.

topo

tulipanes Los **tulipanes** son plantas que dan hermosas flores de varios colores. Compré un ramo de **tulipanes** amarillos.

Alba tiene una amiga muy especial

desde

dónde

hermanas

nueva

ustedes

Clara y Félix ante el caso de la bellota

debe

fin

hacer

mismo

pronto

Pies para la princesa

cada

ni

niña

nuevos

si

Máquinas simples

abajo

pero

tal vez

vivir

Alexander Graham Bell: Un gran inventor

hizo

libros

madre

quería

uno

El jardín de piedras

como

diferente

hola

muchacha

rojos

Aa Bb Cc

Chch Dd

Ee Ff Gg

Hh Ii Jj

Kk Ll Llll

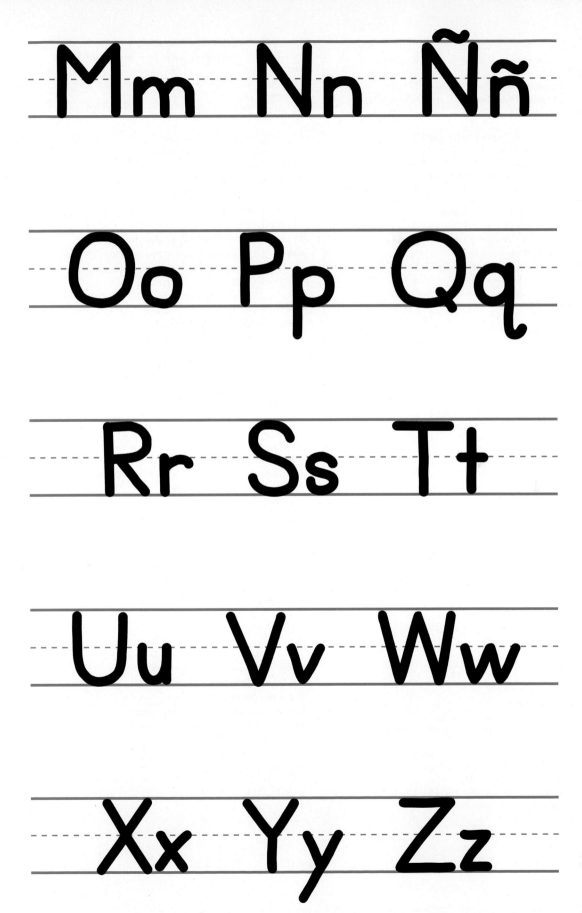

Mm Nn Ññ

Oo Pp Qq

Rr Ss Tt

Uu Vv Ww

Xx Yy Zz

Reconocimientos

Text

Grateful acknowledgment is made to the following for copyrighted material:

Page 20: *Alba tiene una amiga muy especial* © Text by Laura Gallego García/Ediciones SM, 2005 © Illustrated by Claudia Ranucci/Ediciones SM, 2005. Reprinted by permission.

Page 60: From *Pies para la princesa* by Ivar Da Coll. Used by permission of Grupo Anaya, S.A.

Page 98: Text and illustrations from *Dot & Jabber and the Great Acorn Mystery,* copyright © 2001 by Ellen Stoll Walsh, used by permission of Harcourt, Inc. This material may not be reproduced in any form or by any means without the prior written permission of the publisher.

Page 138: From *Simple Machines* by Allan Fowler. © 2001 Children's Press™. A Division of Grolier Publishing Co., Inc. Used by permission.

Page 174: *Alexander Graham Bell* by Lola M. Schaefer, Copyright © 2003 by Capstone Press.

Page 236: "Encargo" by Dora Alonso from *Palomar,* 1979. © Herederos de Dora Alonso, 1979. © Sobre la presente edición.

Page 237: "La pulga viajera" by Gloria Cecilia Díaz from *El árbol que arrulla* by Gloria Cecilia Díaz. Copyright © Gloria Cecilia Díaz, 1995. Copyright © Editorial Norma, S.A., 2002. Reprinted by permission.

Page 238: "Canción de la nube" by Adrián Ramírez Flores.

Note: Every effort has been made to locate the copyright owner of material reproduced on this component. Omissions brought to our attention will be corrected in subsequent editions.

Illustrations

Cover Daniel Moreton
I2-I7 Mary Anne Lloyd
I8-I17 Chris Lensch
14 Ethan Long
44-49 Stacey Schuett
82-87 Ken Gamage
92 Marilyn Janovitz
122 Erin Eitter Kono
132 Gabriel Carranza
168 Tim Beaumont
174-192 Guy Francis
204 Natalia Vasquez
210-230 Miki Sakamoto
236-239 Alvina Kwong.

Photographs

Every effort has been made to secure permission and provide appropriate credit for photographic material. The publisher deeply regrets any omission and pledges to correct errors called to its attention in subsequent editions.

Unless otherwise acknowledged, all photographs are the property of Pearson Education, Inc.

Photo locators denoted as follows: Top (T), Center (C), Bottom (B), Left (L), Right (R), Background (Bkgd)

10 (L) ©Xavier Bonghi/Getty Images
12 (C) Ghislain & Marie David de Lossy/Image Bank/Getty Images
13 (B) Andy Roberts/Stone/Getty Images, (T) Getty Images
53 (Bkgd) ©Sean Justice/Getty Images, (B) AP/Wide World Photos
91 Image Source/Getty Images
129 BananaStock /Jupiter Images
138 (C) Corbis
139 ©Ross Whitaker/Getty Images
140 (T) Corbis, (B) Jupiter Images
141 (C) ©Nance S. Trueworthy
143 ©Tony Freeman/PhotoEdit
144 ©Michelle D. Bridwell/PhotoEdit
146 (B) ©Dennis MacDonald/PhotoEdit, (T) ©Kayte M. Deioma/PhotoEdit, (Border) Jupiter Images
147 Stock Boston
148 (B) ©Bonnie Kamin/PhotoEdit, (T) ©David Young-Wolff/PhotoEdit
149 ©David Forbert/SuperStock
150 ©Wayne Floyd/Unicorn Stock Photos
151 (T) ©Francis & Donna Caldwell/Affordable Photo Stock, (B) ©Royalty-Free/Corbis
152 Stock Boston
153 (BR) ©Laurence Monneret/Getty Images, (TL) ©Mary Kate Denny/PhotoEdit
154 Stock Boston
155 (BL) ©George Shelley/Corbis, (TR) ©Jennie Woodcock; Reflections Photolibrary/Corbis, (TL, BR) ©Tom Stewart/Corbis
166 ©Owen Edelsten/Masterfile Corporation
167 (BL) ©Bettmann/Corbis
176 (T, B) Corbis
182 ©Antar Dayal/Illustration Works/Corbis
186 (B) ©Bettmann/Corbis, (T) Clive Streeter/Courtesy of The Science Museum, London/©DK Images
188 (R, L, C) U.S. Patent and Trademark Office
193 (BR) ©Randy Faris/Corbis, (Bkgd) Corbis, (BL) Mark Hamilton/©DK Images
198 (CR) Courtesy of Special Collections and Archives, Wright State University, (TR, TL, CL) Hemera Technologies
201 ©Jose luis Pelaez Inc/Getty Images, Getty Images
202 (T) ©Jennie Woodcock; Reflections Photolibrary/Corbis, (B) ©Jose Luis Pelaez, Inc./Corbis
203 ©Anna Peisl/zefa/Corbis
242 ©jpb/imagebroker/Alamy
244 ©Comstock Images/Jupiter Images
245 ©Rubberball Productions/Getty Images
249 Stock Boston
251 (C) ©Niels-DK/Alamy
252 (BL) Jupiter ImageS